Historia de las misiones en Texas

BYRON BROWNE

Historia de las misiones en Texas

SEKOTIA

SEKOTIA
www.sekotia.com
@sekotia

Primera edición: febrero de 2025

Sekotia • Colección Biblioteca de Historia
Editor: Humberto Pérez Tomé Román
Maquetación: Javier Díaz Martínez

info@almuzaralibros.com
Parque Logístico de Córdoba. Ctra. Palma del Río, km 4
C/8, Nave L2, nº 3. 14005 - Córdoba

Imprime: Romanyà Valls
ISBN: 978-84-19979-59-9
Depósito legal: CO-4-2025
Hecho e impreso en España - *Made and printed in Spain*

Para Rowland.
Este es para ti, caballero.

Índice

RECONOCIMIENTOS

Este libro no pretende en modo alguno arrojar nueva luz ni aportar nuevos datos sobre el periodo colonial español en las zonas que hoy conocemos como Texas, Luisiana y Nuevo México. La mayor parte de ese trabajo fue realizado hace entre cien y ciento cincuenta años por historiadores y eruditos con más recursos. Sin embargo, este escritor estará siempre en deuda con aquellos que buscaron y tradujeron los antiguos registros, diarios, inventarios y agendas españoles. Sin su trabajo previo, parte de este libro habría sido erróneo y, quizás, aburrido. Estudiosos como Casteñeda, Bolton, Weddle, Habig y Dunn, por citar algunos; siempre estaremos en deuda con todos ellos, por su incansable labor. También, con aquellos franciscanos y soldados que mantuvieron vivos sus diarios mientras sufrían las inclemencias del tiempo, los ataques o la necesidad. Con esos valientes hombres, de nuevo, siento que todos estamos en deuda de una manera de la que quizás no nos damos cuenta todavía. Hombres como Bernal Díaz del Castillo y los padres Espinosa y Morfi, que escribieron crónicas de su tiempo sabiendo de algún modo que lo que hacían merecía un lugar en la historia. A todos ellos les estoy eternamente agradecido, como creo que deberíamos estarlo todos los que nos interesamos por nuestro propio pasado. Como el padre Espinosa, *el Julio César de la colonia española*, seguramente conocía la cita ciceroniana: *Nescire autem quid ante quam natus sis acciderit, id est semper esse puerum* (No saber lo que ocurrió antes de nacer es ser siempre un niño).

A los muchos otros que ofrecieron su tiempo y esfuerzo a este trabajo les estoy muy agradecido, no solo por haber trabajado con ellos, sino simplemente por haberme acompañado durante muchos momentos: la Sra. Claudia Rivers, conservadora de la Colección de Archivos Especiales de la Universidad de Texas, en El Paso, y su excelente personal; el hermano Ed Loch, de la Diócesis de San Antonio; Jared Ramírez, del Parque Estatal de Goliad; el Dr. Michael Strutt y la Sra. Marybeth Tomka, jefa de colecciones del Laboratorio de Investigación Arqueológica de Texas, y al Sr. Vincent Huízar, por su tiempo e inestimable información.

También estoy profundamente en deuda con el personal del Archivo General de Indias, en Sevilla, tanto por su ayuda como por su paciencia. Además, un sincero agradecimiento a Gonzalo Aguirre, por apoyar la idea de este libro y ayudarme con mis numerosas preguntas sobre la traducción. Igualmente a Pedro Vaquero Martín e Israel Pleite Nevado, por la ayuda con la traducción de un texto que era, al menos para mí, difícil a veces.

Y, por supuesto, estoy sumamente agradecida al Sr. Manuel Pimentel Siles y al Sr. Humberto Pérez-Tomé, de Almuzara, quienes expresaron un interés entusiasta en el tema de este libro. Como dice el refrán: Dios los cría y ellos se juntan.

Por último, estoy profundamente en deuda con mi mujer, que me ha apoyado en todo momento y en todas las circunstancias.

INTRODUCCIÓN

Ante la complejidad y magnitud de este tema, confieso que, en cierto modo, como el cura Massanet, estuve tentado de dejarlo como lo había encontrado, es decir, sin límites, desbordado, salvaje y rebosante de posibles daños. La cantidad de trabajo ya realizado sobre las misiones españolas en Estados Unidos es abrumadora. Hay docenas de misiones y presidios que jalonan el paisaje americano desde las Carolinas hasta California. Cada una de ellas ha contado con docenas de escritores y fotógrafos que han seguido su historia durante más de dos siglos. Y cada una incluye miles de cartas, facturas, peticiones, inventarios y las omnipresentes quejas de los misioneros franciscanos, los soldados españoles y los políticos regionales que llenan cientos de cajas en unas cuantas docenas de instituciones del suroeste de Estados Unidos, México y España. Sin embargo, el tema es demasiado intrigante como para dejarlo sin tratar. Sin embargo, como la obra aún no había concluido, la mayoría no se ha ocupado de los esfuerzos de restauración y reconstrucción por los que tantos han trabajado durante tanto tiempo. Este libro hace un pequeño intento de poner al día al lector sobre el estado de estas misiones de Texas tal y como descansan, hoy, en el siglo XXI.

El siglo XVI proponía aventura y riqueza para la Corona española. Sin embargo, los viajes errantes de Cabeza de Vaca, uno de los cuatro supervivientes de la expedición de Narváez de 1527-1528, procuraron una narración maravillosamente espeluznante, pero produjeron pocas riquezas al Gobierno español. Las posteriores exploraciones de Vásquez de Coronado, de Soto, Espejo, Álvarez de Piñeda, Moscoso e incluso Oñate se saldaron de forma muy parecida: derrota por enfermedad, exposición o falta de recursos. Las cacareadas Siete Ciudades de Cíbola, las legendarias Siete Islas de la Antilla y Gran Quivira existían y contenían más oro y plata de lo que la bóveda española podía mantener. Pasó casi un siglo mientras los conquistadores y exploradores recorrían un territorio a menudo infructuoso y hostil que rendía muy poco para la Corona. No fue hasta 1629 cuando un acontecimiento sobrenatural hizo cambiar de opinión al Gobierno español y a los misioneros franciscanos.

Se llamaba María Coronel y de Arana. Nació en 1602 y creció en Ágreda, una ciudad en la provincia de Soria conocida entonces por ser una comunidad donde cristianos, árabes y judíos vivían y trabajaban juntos como un todo unificado. A una edad muy temprana (dieciséis años) tomó las órdenes y, tras unos años de disputas por parte de su padre, el hogar familiar se transformó en un convento; toda la familia más próxima se dedicó a los principios y dictados de San Francisco. Las hermanas del Convento de la Inmaculada Concepción vestían un hábito blanco y azul, similar al de los hermanos franciscanos, de color marrón y oscuro. Una vez enclaustrada, María adoptó el nombre de sor María de Jesús de Ágreda. A partir de 1620 y durante once años, se dice que sor María tuvo sueños, sueños de bilocación en los que su espíritu viajaba a los indios del oeste de Texas y del este de Nuevo México para educar a los nativos en la fe católica. De hecho, en el verano de 1629, una delegación de la tribu jumana se dirigió al Convento de San Antonio de la Isleta, en Nuevo México, para pedir más información sobre las lecciones que habían recibido. El custodio del convento, fray de Benavides (que menciona este episodio en su extraordinario panfleto Memorial, escrito en 1630 para el rey español Felipe IV), comprensiblemente perplejo, pidió más información a los indios. Los indios le contaron que la Dama Azul (como se le conocía a sor María) les había instruido en la fe cristiana durante varios años en su propia lengua y les había dirigido al convento para recibir más lecciones y pedir el bautismo.

Aunque se trataba de una historia fascinante que uno podía tomarse a pecho o *cum grano salis*, la revelación hizo que el padre Benavides se embarcara de vuelta a España para hablar con las monjas de Santa Clara. La hermana María confesó que era ella quien había tenido estas aventuras de bilocación, e incluso bajo el volátil escrutinio de la Inquisición, juró que todo era cierto. El franciscano Benavides supo inmediatamente que aquí había una prueba de propósito; el objetivo de un franciscano era difundir la Palabra, y aquí había una directiva clara.

Muchos historiadores y escritores han incluido esta saga en sus propias explicaciones sobre las incursiones españolas en lo que se convertiría en Texas, porque omitir la historia equivaldría a omitir la influencia morisca en la decisión de Fernando e Isabel de financiar los viajes de Colón, o incluso la influencia de los mismos en la arquitectura de muchas de las misiones. La historia de Ágreda se incluye aquí por la misma razón. Aunque para algunos resulte fantasiosa, su omisión supondría negar una parte integral de la historia. Por supuesto, hay otras razones menos fantásticas para los esfuerzos de expansión española en la región, y la razón más singular es mucho más humana que espiritual. Además de las minas de lo que hoy es Coahuila, México, había plata (y mucha) en las colinas y montañas de Nuevo México, y el padre Benavides sabía que ilustrar este hecho a su soberano le atraería.

La región situada al norte del río Grande prometía entregar las mismas riquezas que Hernán Cortés había arrebatado a los aztecas. Tanto las noticias de los descubrimientos de Colón a finales del siglo XV como la magnífica documentación de las misiones de Cortés a través de México, recogidas por Bernal Díaz a finales del XVI, indujeron a muchos europeos aventureros a las Américas. Y, si venían los españoles, también lo hacían los franciscanos. Y el Vaticano también sancionó toda expansión hacia el oeste. La ahora famosa (o infame, según se mire) bula del papa Alejandro VI del año 1493, que concedía a los Reyes Católicos y sus sucesores todo lo que ganasen y conquistasen en las Indias no estando ocupadas por otros, ordenaba que todas las tierras descubiertas que no estuvieran ocupadas por cristianos fueran propiedad de Portugal o España. La bula *Inter caetera* (II) establecía, además, que se enviasen emisarios católicos a las Américas: «hombres dignos, temerosos de Dios, doctos, hábiles y experimentados para instruir a los habitantes en la fe católica». De hecho, Bernal Díaz escribe en numerosas ocasiones sobre los intentos de los monjes franciscanos de disuadir a los sacerdotes nativos (o *papas,* como él los llamaba) de siglos de horribles prácticas religiosas paganas. Ofrecieron, en su lugar, una religión que permitía la confianza comunitaria, la amabilidad y, como mínimo, la liberación de las víctimas humanas que los españoles descubrían en casi todos los pueblos, enjauladas, violentamente maltratadas y esperando su turno para que les arrancaran el corazón del pecho durante las ceremonias religiosas de los nativos. La moderación de los franciscanos a la hora de no castigar a los sacerdotes nativos, incrustados de sangre y heces, solo era comparable a su devoción por convertir y salvar. (Díaz nos dice que Cortés, si los esfuerzos de los religiosos fracasaban, utilizaba su propio tipo de conversión con los nativos, normalmente con el extremo de su arcabuz). Imaginaban que si podían mantenerse fieles a sus votos ante tanta barbarie allí, sin duda podrían continuar las conversiones con quien esperara más allá de las fronteras del río del Norte. Sin embargo, algunas tribus al norte del río Grande no se parecían en nada a sus primos del sur. Si bien las tribus del centro de México eran ciertamente bárbaras para el pensamiento europeo, también, en muchos casos, demostraban cierta apariencia de civilización; se mantenían granjas, se pastoreaban animales y los edificios tenían un sentido de permanencia y propósito. Además, De León y el padre Massanet señalan que las tribus del este de Texas eran amistosas y acogedoras con las entradas de los españoles. Sin embargo, muchos grupos del lejano oeste eran seminómadas, tribus que vagaban de un escondrijo a otro por motivos aparentemente anhelantes. No cultivaban nada porque, de hacerlo, tendrían que quedarse *in situ* durante un tiempo. Comían lo que encontraban, o lo que podían robar de las misiones y fuertes españoles, mientras vagaban por una tierra casi anémica. Y, como consideraban los españoles, para muchas de estas tribus la religión consistía en poco más que perplejidad ante el sol y la luna. Al igual que un pastor necesita una zona diferenciada para su rebaño, los franciscanos necesitaban a sus súbditos congregados y estacionarios. Desgraciadamente, este programa estaba en total desacuerdo con la cultura de varios de los nativos de la región que más tarde se llamaría Texas.

El método sistemático empleado por los españoles para intentar colonizar la región del norte de México y Texas es único y loable. Que la Corona española considerara y aceptara los planes de los franciscanos para la conversión de los nativos permite conocer íntimamente el carácter de los responsables últimos de las decisiones que implicaban la expansión. A lo largo de los siglos, muchos imperios han permitido el éxodo y la expansión de sus países. Sin embargo, a diferencia de los antiguos griegos, que trataron activamente de someter a los suyos en Sicilia y la *Magna Grecia* (sur de Italia), o de los británicos, siglos más tarde, que simplemente no podían dejar a los suyos solos, o incluso del Gobierno francés durante este mismo periodo colonial que, aunque empleó a misioneros franciscanos durante algunas de sus exploraciones, parece que hizo poco uso de sus talentos en lo que respecta a las poblaciones locales. Por el contrario, los españoles animaron a sus ciudadanos (muchos canarios) a trasladarse tanto a Nueva España como a las Nuevas Filipinas, como se denominó en ocasiones a Texas. Los franciscanos que acompañaron y a menudo dirigieron estas excursiones a Texas estaban tan decididos en su propósito como lo había estado su progenitor, San Francisco. Estos religiosos españoles veían los territorios al norte de México como una tierra fecunda, pero un terreno donde miles de gentiles vagaban espiritualmente inanimados. Los franciscanos estaban decididos a convertir a los nativos, tal y como su orden disponía.

Sin embargo, sería extraordinariamente ingenuo creer que los motivos políticos no fueron también factores motivadores. Principalmente, la Corona sabía que una población nativa convertida al catolicismo podía convertirse en ciudadanos *de jure*, y hay abundantes pruebas de que no solo los soldados, inmigrantes y políticos españoles, sino incluso, en ocasiones, los religiosos, se ayudaban entre sí con cualquier producto, ya fuera algo material o seres humanos, que los nativos pudieran ofrecerles una vez asegurados dentro de los muros de la misión. De hecho, dos acontecimientos con solo cinco años de diferencia a finales del siglo XVII motivarían a estos misioneros franciscanos a adentrarse en Tierra Adentro. El primero, la Revuelta del Pueblo de 1680, disparó y dispersó las colonias españolas congregadas en Nuevo México hacia el este, en dirección al actual El Paso, Texas. El segundo suceso, que parece haber preocupado más al Gobierno español en Madrid, fue la incursión de La Salle en la costa de Texas en 1685. Estos dos sucesos, unidos a las visiones de la Dama Azul, avivaron los ardientes deseos de los franciscanos por llevar a cabo su obra. Sin embargo, como veremos, los franciscanos estaban más preocupados por el arco de la historia, por la trayectoria espantosamente bella de la obra de salvar almas que por las minucias apremiantes y el mando de los militares y los políticos.

Este libro tiene una doble finalidad, al igual que las expediciones del Gobierno español con respecto al Nuevo Mundo. En Texas (incluyendo Luisiana en la misma región), además de en Nuevo México, Arizona y California, las empresas de los misioneros estaban singularmente orientadas hacia el cielo, mientras que las de los políticos, funcionarios, inmigrantes y soldados solían ser más vulgares y terrenales. Esta obra es tanto un esfuerzo por recordar esa historia y su impacto como una oportunidad para que el lector sea testigo de en qué se ha convertido todo ese tiempo y esa energía gastada. Las historias de las misiones Españolas revelan la totalidad de los caminos de la mente y la voluntad; estas historias ilustran la duplicidad y la dualidad, son simultáneamente vergonzosas y desvergonzadas, tenues y profundas, sacrílegas y sagradas... en resumen, representan todo lo que es humano.

CAPÍTULO 1
PRIMERAS ENTRADAS E HISTORIA

En última instancia, los esfuerzos de los franciscanos en Texas tienen su origen en los conquistadores españoles que fueron en busca de riquezas y recursos para financiar su sistema de encomienda, es decir, un sistema semifeudal por el que se permitía a los españoles, en virtud de la legislación española, ofrecer a las poblaciones indígenas protección frente a las hostilidades e instrucción en la fe católica a cambio de tributos y la posesión de las tierras que pudieran conseguir. Por supuesto, en sus comienzos, esto significaba más a menudo la esclavitud de los nativos, trabajos forzados y abusos físicos. Los encomenderos abusaron tanto de este sistema que el gobierno castellano le puso fin en 1730. Sin embargo, fue este atractivo de riqueza potencial y duradera lo que empujó a miles de jóvenes europeos al Nuevo Mundo. Y, fuera cual fuese el grupo que intentara aventurarse a cruzar el Atlántico, seguro que también les acompañaba la facultad religiosa.

Las misiones más antiguas de Texas se establecieron en la región de El Paso. Sin embargo, es a Álvarez Pineda, de quien se dice que fue el primer europeo en ver y cartografiar la costa de Texas en 1519, a quien se puede atribuir en última instancia el mérito de ser el catalizador del establecimiento de las misiones de Texas. La expedición de Pineda, financiada por Francisco de Garay, a la sazón gobernador de Jamaica, pidió a Pineda que zarpara de Jamaica y comenzara su cartografía de la costa desde donde De León la había dejado en Florida. Al igual que De León y Velásquez antes que él, el objetivo final de Pineda era encontrar un nuevo paso hacia el océano Pacífico, es decir, el estrecho de Anián. Pineda debía navegar hacia el oeste desde Florida y, de hecho, su cartografía del golfo de México es la primera evidencia litoral de la región. Los esfuerzos de Pineda se vieron frustrados cuando Cortés se sintió invadido por los exploradores de Pineda cuando intentaban reconocer la Villa Rica de la Vera Cruz, la actual Veracruz, México (la pequeña flota de Pineda había salido del puerto solo seis semanas después de que Cortés saliera de Cuba para su propia excursión a México). Siempre fiel a su carácter, Cortés los detuvo, se enfrentó al joven Pineda y provocó su retroceso por la costa mexicana hasta el río Pánuco, cerca de la actual Tampico, donde Pineda intentó instalar un asentamiento español.

Aunque se sabe muy poco del asentamiento de Pineda, se le atribuye el mérito de ser el primero en demostrar que Florida no es una isla, como había supuesto De León, sino una península. Además, Pineda tiene el honor de ser el primer europeo que localizó el gran delta del río Misisipi. Aunque muchos autores refutan esta afirmación y sostienen que Pineda encontró la desembocadura de otro río en el actual estado de Alabama o en algún otro lugar más al este, las pruebas, a partir de la cédula o informe oficial dejado a Garay, son difíciles de refutar. Pineda bautizó el lugar con el nombre de río del Espíritu Santo, ya que esta desembocadura fue avistada en la festividad católica de Pentecostés o muy próxima a ella.

Lo que se sabe de Pineda después de su acampada en el río Pánuco es triste de contar. Tras ser expulsado hacia el norte por uno de los suyos, la colonia de Pineda fue encontrada, casi un año y medio después de abandonar el puerto de Jamaica, por Diego de Camargo, capitán de un barco de suministros para el asentamiento de Pineda. Bernal Díaz del Castillo, uno de los oficiales de Cortés, relata con cierto desinterés el desafortunado final de Pineda:

«Estando que estábamos en Segura de la Frontera, de la manera que en mi relación habrán oído, llegaron cartas a Cortés, como había aportado un navío de los que Francisco de Garay había enviado a poblar a Pánuco, y que venía por capitán uno que decía fulano Camargo y traía sobre sesenta soldados, y todos dolientes y muy amarillos e hinchadas las barrigas, y que habían dicho que otro capitán, que Garay había enviado a poblar a Pánuco, que se decía fulano Álvarez Pinedo, que los indios de Pánuco los habían muerto, y a todos los soldados y caballos que había enviado a aquella provincia, y que los navíos se los habían quemado, y que este Camargo, viendo el mal suceso, se embarcó con los soldados y se vino a socorrer a aquel puerto; porque bien tenían noticia que estábamos poblados allí, y que a causa de sustentar las guerras con los indios no tenían qué comer, y venían tan flacos y amarillos e hinchados; y más dijeron, que el capitán Camargo había sido fraile dominico, y que había hecho profesión.

Los soldados con su capitán se fueron luego poco a poco a la villa de la Frontera, donde estábamos, porque no podían andar a pie de flacos. Y cuando Cortés los vio tan hinchados y amarillos, y que no estaban para pelear, harto teníamos que curar en ellos, y les hizo mucha honra, y tengo que Camargo murió luego, que no me acuerdo bien qué se hizo, y también se murieron muchos de ellos. Y entonces por burlar les llamamos y pusimos por nombres los panciverdetes, porque traían las colores de muertos y las barrigas muy hinchadas». [1]

Por la información de la que disponemos hoy, parece que los nativos huastecos (entre los que se había asentado Pineda) se sublevaron en cuanto llegó el barco de suministros. También parece que los nativos esperaron a que se descargaran los suministros, ya que en el barco que llegó a Cortés solo se encontraba el capitán Camargo y varios soldados demacrados y moribundos. También es una amarga ironía el hecho de que aquellos hombres que habían sobrevivido a su tiempo con Pineda, al principio repelidos por Cortés y luego esca-

1 Díaz del Castillo, Bernal. *Historia verdadera de la conquista de la Nueva España* (adaptación). Disponible en Internet Archive, 2009, pp. 273-274. *archive.org/details/diaz-del-castillo-bernal.-historia-verdadera-de-la-conquista-de-la-nueva-espana.* Consultado el 28 de junio de 2024.

pando de Pánuco, fueron reclutados en el ejército de Cortés para su asalto a la capital mexicana de Tenochtitlán, presumiblemente durante la posterior campaña de sitio de 1521. Sin embargo, fue la expedición de Pineda, junto con la de Cortés, la que hizo avanzar los intereses españoles.

Solo seis años después, la malhadada expedición de Pánfilo de Narváez partió de Santo Domingo con el objetivo de colonizar la región comprendida entre Florida y la actual Tampico, en México. Iniciada en 1526, Narváez había recibido licencia de Carlos I para instalar asentamientos en la región del golfo. Sin embargo, es difícil entender por qué el rey confiaría tal empresa a Narváez cuando fue él quien había sido enviado, en 1520, a interceptar y arrestar a Cortés en México. Por supuesto, Narváez acabó cautivo de la mano de Cortés y encarcelado durante dos años antes de ser despedido a España, y muchas de sus tropas fueron reclutadas por Cortés. Sin embargo, la expedición de Narváez parece tan condenada como la de Pineda. Tras la deserción de más de 140 de sus soldados mientras estaba anclado en Hispañola y la pérdida, en un huracán, de al menos dos de sus seis barcos mientras se dirigía a lo que él creía que era la costa oriental de México, Narváez desembarcó en la costa occidental de Florida en abril de 1528. Sin embargo, el rey español dio muestras de buen juicio en un caso de esta expedición: contrató a Álvar Núñez Cabeza de Vaca como segundo al mando y tesorero del quinto real del rey cuando se encontraran riquezas. De la capacidad de liderazgo y destreza de Narváez como conquistador solo podemos decir que todo se ahogó en algún lugar del caos del golfo de México. Del número inicial de los que salieron de España con Narváez (cerca de 1000 en total), únicamente regresaron cuatro. Y podemos estar agradecidos de que Cabeza de Vaca formara parte de ese reducido grupo.

Las historias y aventuras de Cabeza de Vaca son múltiples y variadas. Su historia en las Américas es tan fantástica que resulta casi increíble. Náufrago y solitario en un entorno desolado y hostil, Cabeza de Vaca no solo sobrevivió, sino que, en cierto modo, prosperó durante los ocho años que vagó por el suroeste de Texas y el interior de

México. Encarcelado por los nativos, convertido en comerciante e idolatrado como curandero, Cabeza de Vaca convirtió sus experiencias en una de las historias más increíbles jamás contadas. A semejanza de las trágicas y desconcertantes andanzas de Odiseo, Cabeza de Vaca no encontró el camino de regreso a un asentamiento español hasta 1536, habiendo vagado algo más de ocho años y aproximadamente 2400 millas a pie antes de llegar a su Ítaca, la colonia española de San Miguel de Culiacán. Su libro, titulado *Comentarios*, pasó a llamarse después *La Relación* y, posteriormente, se volvió a renombrar *Naufragios*. Cabeza de Vaca no solo escribió sobre sus experiencias, sino también sobre las numerosas tribus indias que encontró, y es el primer libro publicado sobre el tema del Nuevo Mundo. A pesar de la dureza del relato de Cabeza de Vaca, tuvo la chispa suficiente para impulsar la exploración española de la región.

En 1540 Francisco Vásquez de Coronado y Luján realizó su famosa entrada al norte del río Grande en busca de las míticas Siete Ciudades de Cíbola, de las que se decía que eran tan ricas en oro que hasta los edificios estaban chapados en ese mineral. Esta empresa llevó a Coronado a serpentear desde los actuales estados de Nuevo México hasta Kansas. En 1539, como gobernador de Nueva Galicia (los actuales estados mexicanos de Jalisco y Sinaloa), Coronado montó una entrada preliminar en Nuevo México con el claro propósito de determinar si el territorio podía contener riquezas de una magnitud similar a las que se había llevado Cortés. Esta misión estaba encabezada por fray Marcos de Niza y el esclavo africano Estevanico, otro de los cuatro supervivientes de la expedición de Narváez. Este grupo se adentró primero en el actual sureste de Arizona y luego se dirigió hacia el este. Estevanico, impaciente, se adelantó a la expedición para encontrar el pueblo zuni del que Cabeza de Vaca y él habían oído hablar pocos años antes. Cuando Fray de Niza llegó hasta los zuni, encontró a Estevanico muerto por múltiples heridas de flecha. El informe del fraile a Coronado, titulado *Descubrimiento de las siete ciudades*, sugiere que la causa fue el comportamiento lascivo de Estevanico con las mujeres nativas de Cíbola (un pueblo zuni). Evidentemente temeroso de correr la misma suerte que Estevanico, fray Marcos de Niza regresó a Coronado habiendo visto Cíbola apenas de lejos. Sin embargo, sus visiones de los numerosos pueblos parecían haber convencido a Coronado de que las historias sugeridas tanto por Cabeza de Vaca como por de Niza eran ciertas. Un año después, Coronado reunió un gran contingente compuesto por unos cientos de soldados europeos junto con aproximadamente 1400 indios auxiliares mexicanos y comenzó su propia expedición al territorio.

La entrada inicial de Coronado le condujo al este de Arizona, donde él y sus hombres (un pequeño contingente había sido enviado por mar con provisiones) se encontraron con el asentamiento de hawikuh, y rápidamente invadieron la aldea cuando los nativos no les ofrecieron una entrada fácil. Habiendo enviado un grupo expedicionario hacia el oeste (fue este segmento de hombres de Coronado el que descubrió el Gran Cañón y el río Colorado), Coronado fue seducido por un nativo llamado Bigotes, para que caminara hacia el oeste hasta la región de Tiguex, en el sureste de Nuevo México, donde se asentaba una serie de pueblos establecidos a lo largo del río Grande. Fue allí, durante el invierno de 1540-1541, donde Coronado, una vez más, optó por tomar por la fuerza lo que posiblemente podría haber recibido por las buenas si solo hubiera prevalecido una actitud menos belicosa.

Coronado decidió establecer su cuartel de invierno en un pueblo al que los españoles llamaron Alcanfor. El único dilema al que se enfrentaban los españoles era que este pueblo ya estaba ocupado. En lugar de ofrecer algún tipo de compromiso, Coronado ordenó el éxodo de los nativos de sus propios hogares en pleno invierno. Para agravar más la situación, los españoles también se quedaron con todos los recursos que había en el pueblo. Cuando los tiwas se resistieron matando varios de los caballos y otros ganados de los españoles, Coronado comandó una campaña a sangre y fuego que se saldó con la muerte de cientos de nativos. La guerra de Tiguex no solo fue testigo de estos cientos de muertos, sino también de la esclavitud de decenas de nativos. El resultado fue también el abandono de los pueblos vecinos: los nativos murieron o se retiraron a las montañas.

Incluso una lectura casual del relato de la guerra de Tiguex ilustra la brutalidad de estas primeras entradas. A estas alturas, los intereses españoles se centraban casi exclusivamente en la adquisición de riquezas. De hecho, en apariencia impasible ante la matanza de la población indígena, otro indio nativo llevó la atención de Coronado hacia el este. Con el apodo de el Turco, este nativo pawnee le dijo que al este había una ciudad legendaria llamada Quivira, que rebosaba riquezas, y una población potencialmente minera. Coronado, convencido por la sugerencia del tesoro, vagó por el noroeste de Texas y finalmente llegó en 1541 a la legendaria Quivira (en la actual Kansas, aunque esta zona también ha sido cuestionada por algunos historiadores), pero solo descubrió cabañas con techo de paja e interminables manadas de búfalos a lo largo del camino. Cuestionado e interrogado, el Turco confesó haber alejado a propósito a los hombres de Coronado del territorio zuni con el único fin de que este se liberara de la dominación española. Antes de que la expedición regresara a Nuevo México, el Turco fue ahorcado. Un frustrado Coronado, después de un invierno más en Nuevo México durante el cual su grupo fue constantemente acosado por los nativos tiwas en incursiones de ataque y fuga, regresó a Nueva Galicia en abril de 1542. Los informes de sus brutalidades, que llegaron a Ciudad de México y luego a Sevilla y Madrid, dieron lugar a su propio interrogatorio, aunque sus castigos fueron mucho menos severos que los que infligió.

La expedición de Coronado solo puede calificarse de fracaso si se tiene en cuenta cuál había sido su intención. Claramente cegado por un futuro plagado de oro, el error fue confiarse a aquellos a quienes estaba haciendo la guerra. Los nativos se aprovecharon de la codicia de Coronado, llevándole a una tierra seca e inhóspita; le dieron gato por liebre. Y esa fue una táctica que los nativos utilizarían varias veces más durante el siguiente siglo y medio. De hecho, poco más de un siglo después, los apaches embaucaron a Bernardo de Miranda para que buscara lo que le habían dicho que eran enormes yacimientos de plata en la zona del río Llano, «[una historia] paralela a las historias de las ciudades de oro contadas al crédulo Coronado para atraer a sus tropas a las Grandes Llanuras, donde los indios creían que perecerían».[2] La historia moderna, sin embargo, expone su relato como una valiente entrada en el Nuevo Mundo, una aventura como las primeras exploraciones espaciales que, aunque desprovistas de tesoros tangibles, allanaron, sin embargo, un camino por el que otros podrían abrirse paso más fácilmente. Por su parte, dos frailes franciscanos decidieron quedarse con los zuni después de que Coronado se retirara a Nueva España. Poco después fueron martirizados por sus esfuerzos. Después de la brutalidad de Coronado, no es difícil imaginar las sospechas de los nativos. En consecuencia, no hubo muchas excursiones españolas a esta región durante casi cuarenta años. Tras la salida de Coronado, los pueblos zuni volvieron a poblarse para ser desocupados de nuevo treinta y nueve años más tarde, cuando los siguientes exploradores españoles avanzaron por el territorio.

Entre los siglos XV y XVI España tuvo, en cierto modo, un dominio casi completo de las zonas comprendidas entre el Caribe y California. Excepto las entradas de Espejo (en el suroeste de Texas) y de Moscoso (en el noreste), hubo varias expediciones, aunque menores, a una región que era tristemente célebre tanto por su escasez de recursos como por la hostilidad de la población nativa. Sin embargo, en los años transcurridos desde Coronado hasta Alonso de León con fray Damián Massanet (a veces, Mazanet), unos 140 años, el Gobierno español siguió cruzando el río Grande con el fin de conseguir mano de obra esclava de las tribus nativas para las minas de plata del estado mexicano de Coahuila. Aparte de este tipo de empresas, los españoles también delegaron otras entradas más profundas en el corazón de Texas con el objetivo de localizar más tesoros para la Corona y, para los jesuitas y franciscanos, más almas para la conversión.

En 1650 Hernán Martín y Diego del Castillo partieron de Santa Fe con la orden de explorar el centro norte de Texas. Durante su expedición se toparon con una confederación de tribus nativas a las que los españoles denominaron los *tejas* (seguramente por la palabra que estos nativos utilizaban a modo de saludo). Estas tribus pare-

2 Robert S. Weddle, *The San Saba Mission*. (College Station: Texas A&M University Press, 1999), 28.

cían más amistosas, más civilizadas (sus asentamientos demostraban cabañas y tierras cultivadas) y, por lo que respecta a los franciscanos, parecían más de acuerdo con la idea de revertir su culto pagano a la ideología católica. Cuatro años más tarde, espoleados por las perlas que del Castillo había traído del río Nueces (actual Concho), otra expedición se dirigió a la misma zona. Esta entrada fue dirigida por Diego de Guadalajara. Siguiendo la misma ruta que los otros, Guadalajara también se encontró con una tribu amiga llamada los *jumanos,* que advirtió a los españoles que no viajaran más al oeste, ya que las tribus de allí estaban en guerra entre sí. Una unidad española más pequeña fue enviada al frente para hacer un reconocimiento y consiguió ser atacada por las facciones enfrentadas. Sin embargo, los españoles, fieles a su estilo, mataron a muchos y tomaron cerca de 200 prisioneros. Guadalajara regresó a Nuevo México únicamente por falta de suministros marciales.

Las hostilidades que los españoles encontraron a menudo mientras colonizaban los territorios en torno a los estados mexicanos de Nuevo León y Coahuila no iban dirigidas únicamente contra ellos. Lo que encontraron fueron docenas de tribus dispares a ambos lados del río Grande, en guerra constante entre sí. Aquellos franciscanos que trataban de apaciguar y convertir, en sus términos, a «indios rebeldes» (inconversos y recalcitrantes a la idea católica) en «indios reducidos» (aquellos dispuestos a convertirse o que ya lo habían buscado a través de los misioneros) tuvieron la tarea inicial de tratar de declarar treguas entre las tribus. Algunos misioneros franciscanos tuvieron cierto éxito en estas regiones, pero sus esfuerzos eran singulares, es decir, viajaban y permanecían solos entre los nativos. Sin embargo, las guerras continuaron tanto entre tribus como contra los españoles si estos se interponían, y las minas de plata del norte de México se interponían a menudo. En 1655, Fernández de Azcue, con unos 100 soldados españoles y unos cientos de nativos auxiliares, intentó sofocar la guerra atacando y derrotando a la muy combativa tribu de cacaxtles. Aunque se consideró un éxito (sobre todo porque se dice que esta expedición fue el primer cruce documentado del bajo río Grande por un europeo), pronto se hizo evidente que habría que hacer más para pacificar toda la región. Aunque tardó veinte años en llegar, la expedición Bosque-Larios de 1675 tenía exactamente esta misión en mente.

Antes, en 1670, los nativos de las regiones de Nuevo León, Nueva Vizcaya y Coahuila habían enviado delegados a los asentamientos españoles pidiendo orientación y guía en la fe católica. Y, aunque el historiador Bolton escribe que «es evidente que durante varios años algunos de los indios de Coahuila e incluso de más allá del río Grande habían estado pidiendo misioneros, aunque (no sabemos bajo qué influencias) habían enviado mensajeros a Saltillo, Parral, Guadalajara y Ciudad de México para buscarlos»[3], parece que, dado el período de tiempo y la documentación, podría estar influenciado por la historia de María de Ágreda. También en esta época, estos emisarios nativos tuvieron la suerte de encontrarse con fray Juan Larios, quien aceptó acompañar a los nativos hasta el límite de la región de Coahuila, en solitario, y permaneció casi tres años entre ellos. Weddle afirma: «Eran los coahuiltecos, divididos en un gran número de pequeñas tribus y bandas que habitaban a ambos lados del río Grande. Como niños perdidos en la oscuridad, los coahuiltecos permanecían en la frontera norte de Nueva España, haciendo señas a los padres misioneros para que vinieran a mostrarles la luz.»[4] A finales de 1674, el padre Larios había completado tres misiones conversas en la zona, las dos siguientes acompañado por un par de religiosos más. En 1675 la situación era tal que el Gobierno español se sentía lo bastante seguro como para intentar colonizar la región.

En abril de 1675 Fernando del Bosque, un soldado español nombrado por Antonio Balcárcel, el alcalde mayor o gobernador de Coahuila, encabezó una entrada al norte que comenzó desde la misión Nuestra Señora de Guadalupe en Coahuila. Entre el grupo se encontraba un pequeño contingente de soldados españoles, de nuevo junto

3 Herbert Eugene Bolton, *Spanish Exploration in the Southwest*, 1542-1706. (New York: C Scribner's sons. 1916). Copia digitalizada del original de 1916. *Americana Collection* Harvard Univ. 284. Disponible en https://archive.org/stream/spanishexplorat0-3boltgoog_djvu.txt

4 Robert S. Weddle, *San Juan Bautista, Gateway to Spanish Texas.* (Austin: University of Texas Press, 1991), 6.

con una unidad auxiliar de apoyo indígena y los frailes Juan Larios y Antonio de San Buenaventura y Olivares. En mayo del mismo año esta expedición llegó al río Grande, probablemente justo debajo de lo que hoy es Eagle Pass, Texas. Bosque reclamó oficialmente la posesión del lugar y enseguida puso el nombre de San Buenaventura del Norte al río. Según su informe, Bosque describe que una vez cruzado el río, varios jefes nativos, de varias tribus, se acercaron al grupo pidiendo instrucción religiosa y el bautismo. Dado que el bautismo es un sacramento, la instrucción es necesaria como requisito previo a su realización. Los religiosos del grupo prometieron a los nativos que volverían con ese fin, y Bosque, en su informe oficial, recomendó establecer misiones en la zona. El establecimiento de las misiones sufrió los retrasos habituales, pero, menos de una década después, los acontecimientos políticos acabarían con las discusiones y acelerarían el desarrollo de dichas misiones: los franceses, principalmente en la figura del explorador René Robert Cavelier, Sieur de la Salle, harían sonar la alarma de allanamiento para el Gobierno español.

Los españoles y, de hecho, gran parte de las potencias de Europa occidental consideraban desde finales del siglo XV que el territorio suroeste del Nuevo Mundo estaba bajo dominio español, estuviera o no colonizado. Hasta que en 1588 los ingleses (junto con *God's Wind and Waves,* —el viento y las olas de Dios—) derrotaron a la famosa Armada española. Aunque no fue una derrota tan completa como los opositores esperaban, sí que parecía haber fomentado la idea de que era posible adentrarse más en el Nuevo Mundo, incluso en las zonas consideradas españolas.

Durante décadas, ingleses, holandeses y franceses habían colonizado territorios del noreste, Canadá y, en menor medida, algunas zonas del Caribe. Y, casi un siglo después de la derrota de la Armada, La Salle navegó por primera vez por toda la escala del río Misisipi, deslizándose desde la zona alta helada en pleno invierno y recorriendo en canoa el resto del trayecto tras el deshielo. A lo largo de esta travesía, reclamó para Francia todo el contingente a ambos lados del río; en el sur, estos territorios incluían lo que se convertiría en Luisiana y un segmento de Texas.

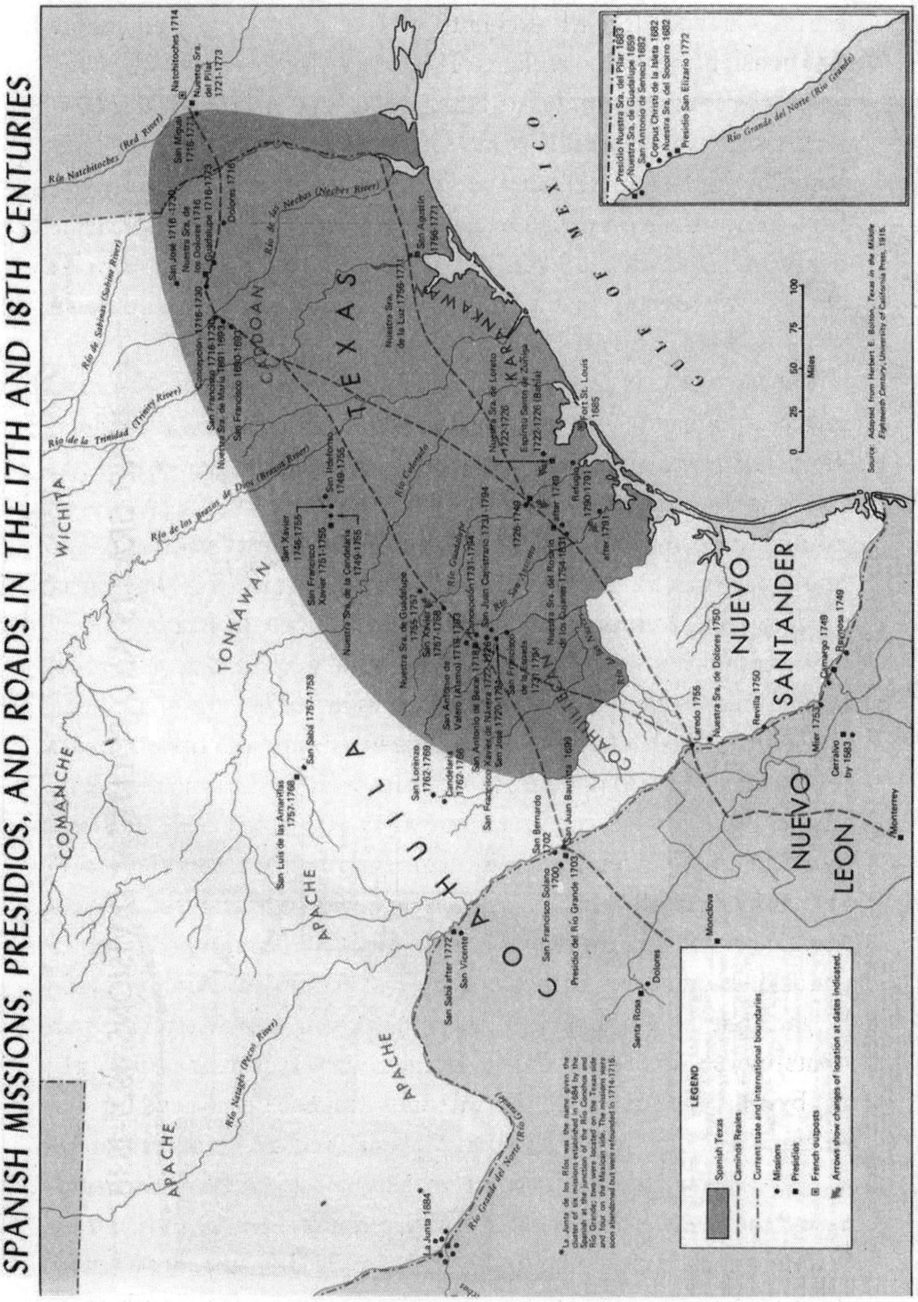

Mapa de caminos reales desde el norte de méxico
hasta el este de texas. *tshaonline.org*

Curiosamente, La Salle había ingresado muy joven en una orden jesuita. Cuando llegó el momento de comprometerse plenamente, acto que habría exigido rechazar la herencia de su familia, descubrió un empleo muy diferente. Se embarcó rumbo a Canadá, donde su hermano mayor ya residía como sacerdote en Montreal. Pasó algunos años explorando la zona de los Grandes Lagos antes de decidirse a encontrar un pasaje hacia el sur, hacia el golfo de México, a lo largo del Misisipi. Su intención era establecer puestos comerciales a lo largo de todo el sistema fluvial, una idea muy acertada desde el punto de vista comercial.

Cabe mencionar aquí a un español bastante pernicioso y caído en desgracia llamado Diego Dionisio de Peñalosa Briceño y Berdugo. Nacido en Perú, la vida y el carácter de eran tan nocivos que harían sonreír a un antiguo dictador romano. Debido a la influencia de su familia, fue nombrado alcalde de Perú, pero se convirtió en fugitivo de ese país tras ser acusado de corrupción. Escapó a Nueva España, donde, por las circunstancias que fueran, volvió a ocupar una posición de autoridad como gobernador de Nuevo México. Durante este mandato, la Inquisición no pudo ignorar el número de cargos que pesaban sobre él. Su deletéreo comportamiento se extendió hasta el punto de arrestar a Alonso de Posada, entonces custodio franciscano de las misiones de Nuevo México, cuando este acusó a Peñalosa de una mala conducta que se extendía desde la confiscación ilegal de propiedades hasta los abusos entre la población indígena que los franciscanos trataban de convertir. Una segunda vez, en 1664, Peñalosa huyó de las acusaciones antes que enfrentarse a ellas. En esta ocasión, buscando venganza, se dirigió a los ingleses en 1670 con la idea de establecer un asentamiento cerca de la desembocadura del río Misisipi para tener una base desde la que atacar los intereses españoles en Nueva España, así como las zonas al norte del río Grande. Rechazado por los ingleses, Peñalosa se retiró a Francia y volvió a describirle el mismo escenario al rey Luis XIV. Este plan también fue rechazado. Es una interesante coincidencia que el último intento de Peñalosa de persuadir al rey francés se produjera un año antes de que La Salle recibiera el encargo y que ambos murieran el mismo año (1687).

Tras atravesar todo el río desde el helado Illinois hasta el Misisipi en 1682, La Salle regresó a Francia al año siguiente para pedir permiso y financiación para establecer un asentamiento a lo largo del delta del río en el golfo de México. Luis XIV accedió y La Salle zarpó de Francia en 1684 por decreto real para fundar un asentamiento francés en la desembocadura del río Misisipi. Como la mayoría recordará, esta última expedición de La Salle no solo fue horrible, sino que difícilmente podría contarse un solo logro positivo de la empresa. De hecho, esta aventura, como la Expedición Donner o la Campaña de Gallipoli, destaca únicamente por su increíble fracaso. Perdió un barco de almacenamiento a manos de piratas en Hispañola, enfureció a los nativos karankawa por tomar prestadas demasiadas de sus canoas y, finalmente, cayó en una emboscada y fue asesinado por algunos de sus propios hombres, desesperados. Sin embargo, tuvo el efecto de acelerar los esfuerzos de las misiones españolas.

La expedición de La Salle partió de Rochefort, Francia, en agosto de 1684 con más de 300 marineros y colonos, y casi inmediatamente tuvo problemas. Sin haber salido aún de Francia, uno de los cuatro barcos, Le Joly, tuvo que entrar en puerto para ser reparado. Una vez cruzado el Atlántico, la expedición de La Salle necesitaba encontrar un puerto para reabastecerse antes de continuar. Sin embargo, las continuas disputas entre La Salle y el comandante de su flota de cuatro navíos, Tanneguy le Gallois Beaujeu, hicieron que la flota perdiera mucho tiempo en el Caribe, ya que Beaujeu arribó a Petit-Goâve en lugar de a Port de Paix, ambos en el actual Haití, aunque el primero está mucho más al sur y en la mandíbula inferior de la gran boca de la bahía haitiana, mientras que el segundo está situado en la costa norte y había sido el punto de encuentro de la flota. Otros dos barcos de La Salle alcanzaron finalmente al Joly varios días más tarde; sin embargo, estos les dieron noticias muy inquietantes. Henri Joutel, soldado que acompañaba a la expedición y uno de los pocos que regresaron a Francia, relata lo siguiente:

> «Dos de nuestros barcos, que se habían alejado de nosotros el 18 de septiembre debido a los vientos tempestuosos, llegaron a Petit-Goâve

el 2 de octubre. La alegría concebida a causa de su llegada fue disipada por la noticia que trajeron de la pérdida del ketch, tomado por dos piraguas españolas; y esa pérdida fue más grave, porque ese barco estaba cargado con provisiones, municiones, utensilios y herramientas adecuadas para el establecimiento de nuestras nuevas colonias; una desgracia que no habría sucedido, si Monsieur de Beaujeu hubiera entrado en Port de Paix».[5]

La pérdida del ketch, bautizado acertadamente como San Francisco, no tardaría en ser de gran ayuda para los españoles, pero La Salle siguió sufriendo desgracias. Varios de los soldados desertaron una vez en las Antillas y las continuas disputas con Beaujeu hicieron que el grupo no llegara al delta del Misisipi, sino que desembarcara en la actual bahía de Matagorda, en la costa de Texas, a casi 650 kilómetros al oeste de su objetivo. Además, el otro buque de aprovisionamiento, el Aimable, se perdió al encallar y, mientras estaba varado de costado, se partió en dos durante una noche de vientos hostiles y olas violentas. Aunque muchos suministros habían sido descargados tras su encalladura, la mayoría seguía a bordo; nadie sospechaba que aquella noche, un esperado respiro tras los turbulentos días anteriores infligiría tal violencia. Sin embargo, Joutel sospechó de Beaujeu:

> «El barco quedó varado en los bancos de arena. El mal manejo del capitán, o del piloto, que no había gobernado por las estacas colocadas para tal fin, el sonar en los bancos de arena sin ningún propósito, y varias otras circunstancias reportadas por la tripulación del barco y los que vieron el manejo, fueron indicios infalibles y pruebas de que el daño había sido hecho a sabiendas y deliberadamente, lo cual fue una de las acciones más negras y detestables de las que el hombre puede ser culpable».[6]

---

5 Henri Joutel, Joutel'*s Journal of La Salle's Last Voyage 1684-7. With a Frontispiece of Gudebrod's Statue of La Salle and the Map of the Original French Edition, Paris 1713, in Facsimile.* (Albany, N.Y. Joseph McDonough,1906), 61. *Internet Archive,* 2008. Disponible en http://archive.org/details/joutelsjournalof00joutrich

6 *Ibid.* 83.

Poco después, La Salle, decidido a mantener su propósito, fundó su asentamiento, que llegó a conocerse como Fort St. Louis, en Garcitas Creek (un arroyo que sale al norte de Port Lavaca, al sureste de Victoria, Texas), en febrero de 1685. El campamento se construyó con árboles cortados en la zona y con cualquier detritus que se pudiera arrancar del Aimable. Muchos de sus compañeros no compartían su entusiasmo por el futuro y se quejaban de querer volver a casa. De las dos naves que quedaban, Le Joly y La Belle (La Belle es el navío que los arqueólogos excavaron en 1995 frente a la costa de Texas), la primera fue cargada con provisiones y el pesimista zarpó rumbo a Francia. De los que se quedaron, las enfermedades, la desesperación y los nativos hostiles mermaron tanto su número como su determinación. La Salle solo sabía que estaba perdido en lo que debía parecer un páramo. Al principio trató de caminar hacia el oeste en un esfuerzo por encontrar el Misisipi, la única zona con la que estaba familiarizado. Después, al darse cuenta de su verdadera ubicación, intentó explorar hacia el este. Fue durante una segunda excursión hacia el este, con diecisiete hombres, cuando algunos miembros decidieron que ya estaban hartos. Un tal Pierre Duhaut, en confederación con algunos otros, asesinó a seis de los hombres de La Salle mientras dormían, y más tarde despachó también a su comandante. Como relata Joutel: «... el traidor Duhaut disparó su pieza y disparó a M. de la Sale en la cabeza, de modo que cayó muerto en el lugar, sin hablar una palabra».[7]

Después de esta hazaña, seis del grupo continuaron hacia el norte, a Canadá y finalmente a Francia, Joutel entre ellos. Otros decidieron quedarse entre los indios del este de Texas, probablemente los hasanai, nativos del grupo de los tejas. Los que habían quedado atrás en Fort St. Louis, los demasiado jóvenes o débiles para intentar emprender el viaje hacia el este, se encontraban en una situación desesperada. Durante dos años esperaron noticias de rescate que nunca llegaron. La mayoría nunca supo la verdad sobre la última

---

7 *Ibid.* 134.

aventura de La Salle. Los indígenas karankawa, de quienes La Salle había tomado continuamente recursos para sus excursiones y con quienes había tenido muchas discusiones, decidieron, después de enterarse de la muerte de La Salle y la partida de la mayoría de los soldados más capaces, atacar el asentamiento en 1688 y masacrar a todos, excepto a cinco niños que fueron tomados e incorporados a la tribu. Cuatro de ellos fueron conocidos como Niños Talón.

Fue esta excursión francesa, esta intrusión, tal y como la veían los españoles, lo que finalmente obligó a estos últimos a proseguir con sus esfuerzos de expansión hacia *tierra adentro*.

Hasta ese momento, la historia de los esfuerzos de los franciscanos por establecer misiones entre las tribus indígenas del norte de Nueva España se había contado casi exclusivamente desde el oeste. Los nativos del actual estado de Nuevo México ya habían sido testigos de varias entradas y asentamientos españoles entre sus pueblos. Sin embargo, las noticias de la expedición de La Salle no tardaron en llegar a los despachos de los virreyes de los distritos de Nueva España. Fue este singular acontecimiento el que reorientó la atención española hacia el este. De hecho, incluso antes del asesinato de La Salle, los españoles estaban reuniendo hombres para localizar a los intrusos franceses. Tras el apresamiento del ketch francés en Santo Domingo en 1685, los prisioneros franceses tenían una historia interesante que contar.

Del número de misiones de búsqueda y destrucción que los españoles convocaron con el propósito de localizar a La Salle, cada historiador y escritor presenta un número diferente. Baste escribir que al menos tres operaciones navales zarparon del este de México para explorar la costa de Texas y, de nuevo, como mínimo, se organizaron cuatro operaciones terrestres con este fin. De las operaciones terrestres, entre 1685 y1689, un soldado muy experimentado y capaz llamado Alonso de León (apodado el Mozo) dirigió las cuatro expediciones intraterritoriales para encontrar y erradicar a los franceses de tierras españolas. Las dos primeras no dieron resultado. La tercera expedición, de 1688, se emprendió tras enterarse de que un hombre blanco vivía entre los nativos al norte del río Grande. Al cruzar el río Grande, esta vez en dirección noreste, descubrieron que el informe era cierto: un francés llamado Jean Géry, uno de los primeros desertores de la expedición de La Salle, vivía entre los nativos coahuiltecos y, además, había alcanzado una posición prominente dentro de su comunidad. De León convenció al anciano y confuso francés para que regresara con él a México, donde Géry fue interrogado. Aunque las respuestas de Géry a las preguntas del virrey fueron farragosas y a menudo incoherentes, ofreció un mapa de la ubicación del Fuerte de San Luis y acompañó a De León en su cuarta aventura a través del río Grande. Y este viaje proporcionaría la verdad y los resultados que los españoles habían estado esperando.

Aquí hay que mencionar a los que iban a preparar el camino para las misiones que pronto se agruparían en las tierras de los tejas, al este de Texas. En 1683 una delegación de veinticuatro franciscanos (las fuentes, una vez más, no coinciden en el número de miembros) navegó a Nueva España con el propósito de fundar un colegio donde estos religiosos pudieran congregarse, prepararse y recibir instrucción antes de viajar a la volátil *gentilidad*, o territorios paganos. Cuando su pequeño grupo, que formaba parte de una misión de aprovisionamiento mayor, llegó a Vera Cruz, su trabajo comenzó de inmediato. Allí se encontraron con que un par de miles de piratas acababan de saquear el puerto, matando o hiriendo a los hombres y secuestrando a las mujeres. Se habían llevado todo el oro y la plata que tenían apilados a la espera de ser enviados a España. Los frailes bajaron literalmente del barco y se encontraron con una carnicería de muertos, moribundos y heridos. Estos sacerdotes, recién ordenados y llegados, «consolaron y confesaron a los vivos, administraron los ritos finales y dieron debida sepultura a los muertos».[8] Esta fue, pues, su bienvenida a las realidades del Nuevo Mundo al que habían dedicado sus vidas. Cuando hubieron hecho lo necesario, fueron despedidos para Querétaro, caminando en parejas hacia el noroeste por casi 485 kilómetros.

8 Robert S. Weddle. *San Juan Bautista,* 10.

Misión San Francisco de la Tejas- reconstrucción. *Imagen disponible en Internet e incluida de conformidad con el titulo 17 U.S.C. sección 107*

Estos frailes establecieron el centro misionero del Colegio de la Santa Cruz de Querétaro. Entre los primeros miembros del colegio, dos son vitales para la historia de las misiones de Texas: fray Francisco Hidalgo y Damián Massanet. Fue Hidalgo quien, embarcándose hacia el norte desde Querétaro, predicó a los nativos de la región de lo que hoy es el noreste de México. A pie, como su progenitor San Francisco, Hidalgo pronto fue seguido por cientos de devotos allá donde iba. Todo indica que Hidalgo practicaba lo que predicaba y predicaba literalmente con el ejemplo, al igual que Francisco había acumulado miles de almas durante sus vagabundeos por Europa y Oriente Próximo. A poco más de 320 kilómetros al noroeste de Querétaro, Hidalgo, acompañado por otros dos frailes, llegó a Zacatecas, donde sus emotivas enseñanzas resultaron tan eficaces que, antes de que los franciscanos se marcharan, el pueblo clamaba que se estableciera allí otro colegio misionero. Los franciscanos respondieron que no podían cumplir por falta de recursos.

Sin embargo, en 1707 se fundó un segundo colegio, el de Nuestra Señora de Guadalupe de Zacatecas. Tal fue el efecto de las enseñanzas de estos primeros frailes, que el número de los que pedían conversión e instrucción superaba con creces la capacidad de los franciscanos para llegar a ellos. Pero Hidalgo no fue el único religioso ardiente que procedió con vehemencia y propósito; fray Massanet demostraría ser igual de ferviente en su búsqueda.

El conde de Monclova, en México, seleccionó a Alonso de León, (quien también había sido nombrado gobernador de Coahuila en 1687) como general para encabezar la entrada y localizar la colonia de La Salle. Esta expedición debía incluir no solo a 50 soldados de los presidios contenidos en la provincia de Nueva Vizcaya, sino a otros 50 de las provincias de Coahuila y Nuevo León. Acompañando a estos, además de los usuales arrieros y esclavos auxiliares y el todavía semidesorientado Géry, había dos religiosos: fray Toribio García de Sierra, vicario de la provincia de Coahuila y el muy decidido padre Damián Massanet. Hablando de la necesidad y escasez de religiosos para tales expediciones, Massanet recibió órdenes de acompañar la entrada de De León mientras trataba de mantener la misión de San Bernardino de la Caldera, misión que había fundado poco tiempo antes en el interior del norte de México. Aun así, Massanet era un compañero muy ansioso, como escribió en su carta a su amigo don Carlos de Sigüenza y Góngora:

> «... a este tiempo yo bibía en la mission de la aldera de la probinçia de quaguila a la qual hauía ydo ya con ynttenzión de ber si podia descubrir y tener alg[una] noticia de la thierra adentro haçia el norte y nordeste por las noticias qet tenia de una carta que para en mi poder la qual dieron en Madrid a nro P^e frai Antt^o· linaz la qual carta hace mençion de lo que l B, ta Madre Maria de Jhs. De agreda comunico en su cómbenlo al P^e, Custodio del nuevo Mexco· Fr Alonso de Benauides. Y diçe la B Madre como estuvo muchas bezes al nuevo Mexco· Y a la gran quibira y que saliendo de la gran Quibira para el oriente están los

reynos de ticlas, theas, y caburcol. Ya diçe también que estos nombres no son propios de aquellos reynos sino pareçidos».[9]

El padre Massanet continúa describiendo cómo había querido averiguar si había franceses allí, y que un indio al que había convertido y que ahora poseía un alto grado de veracidad le había dicho que efectivamente había franceses viviendo al norte. Massanet parece haber estado tan ansioso como De León por ver la expulsión de los franceses de la frontera española.

Este grupo partió en marzo de 1689, tres meses después de que la colonia francesa hubiera sido invadida y destruida. La entrada, con la ayuda de Géry, cuya memoria de localización parecía mejorar cuanto más se acercaban al emplazamiento de La Salle, localizó los grotescos restos tres semanas después de partir, el 22 de abril de 1689. El relato de De León de la escena de las ruinas es algo menos divertido que el de Massanet, pero sigue siendo desinteresadamente alegre:

«Habiéndonos detenido con las fuerzas a un tiro de arcabuz de distancia, fuimos a verlo, y encontramos todas las casas saqueadas, todos los cofres, cajas de botellas, y todo el resto de los muebles de los colonos rotos; aparentemente, más de doscientos libros, destrozados, y con las hojas podridas esparcidas por los patios (todo en francés). Observamos que los autores de esta masacre habían sacado todo lo que tenían [los colonos] de sus cofres, y se habían repartido el botín entre ellos; y lo que no les había importado lo habían hecho pedazos, formando un espantoso saco con todo lo que poseían los franceses [...]. Encontramos tres cadáveres esparcidos por la llanura. Uno de ellos, por el vestido que aún se aferraba a los huesos, parecía ser el de una

9 Manzanet, Damian y Lilia M. Casis. *Carta de don Damián Manzanet á don Carlos de Siguenza sobre el descubrimiento de La Bahía del Espíritu Santo / Letter of Don Damian Manzanet to Don Carlos de Siguenza Relative to the Discovery of the Bay of Espiritu Santo. The Quarterly of the Texas State Historical Association*, vol. 2, no. 4, 1899, pp. 253–312. JSTOR. Disponible en http://www.jstor.org/stable/30242775. Consultado el 1 de julio de 2024.

mujer. Levantamos los cadáveres, cantamos misa con los cuerpos presentes y los enterramos».[10]

Esta prueba fehaciente de la intrusión francesa en territorio español fue motivo de gran preocupación. No solo se había probado la empresa de La Salle, sino que había otros que los nativos declaraban que aún habitaban el territorio, viviendo entre los nativos. De hecho, esta excursión había producido dos supervivientes franceses de la empresa de La Salle que regresaron a México con Massanet y de León (hubo algunos otros franceses que prefirieron quedarse con los indios de la confederación hasinai antes que arriesgarse a ser encarcelados con los españoles). Sin embargo, esta persistente sombra francesa que cubría la frontera española garantizaba el apoyo del Gobierno español a cualquier esfuerzo futuro de los franciscanos por fundar misiones en la región. Y el padre Massanet no iba a dejar escapar esta oportunidad. De este modo, la colonización de tejas no tardó en hacerse realidad.

Cuando el virrey conde de Galve tuvo noticia del asentamiento francés, fray Massanet no tardó en exponer su teoría de que los nativos de la región eran almas dispuestas y deseosas de conversión. Con los informes tanto de este franciscano como de De León, el virrey optó por volver a desplegar un contingente de españoles en la zona, esta vez con el objetivo de fundar un asentamiento permanente. Tras convocar una junta y tomar una decisión, esta nueva entrada partió de Monclova en marzo de 1690. Dirigida de nuevo por de León junto con fray Massanet y otros tres religiosos, entre ellos fray Francisco de Jesús María Casañas, esta expedición de ciento diez soldados, con pertrechos para militares y religiosos, se consideraba preparada para las duras realidades de la frontera tejana.

10 Alonso de León. *Itinerary of the Expedition Made by General Alonso de León for the Discovery of the Bahia del Espiritu Santo and the French Settlement. 1689, The Quarterly of the Texas State Historical Association,* vol. VIII (Enero de 1905) no. 3. 216-17. Disponible en www.jstor.org/stable/30242792

España. Ministerio de Cultura. Mapa entrada de bahía del espíritu santo dejaron a la Salle. Principios del siglo XVIII. *Archivo General de Indias: MP Florida-Luisiana 19*

La expedición cruzó el río Grande en un punto entonces conocido como Paso de Francia y se dirigió hacia el noreste, regresando al emplazamiento de la colonia en ruinas de La Salle. Massanet, evidentemente todavía enfurecido por la temeridad de los franceses de invadir tierras españolas, incendió él mismo los restos del asentamiento francés. Aliviados por esto, la entrada continuó hacia los territorios hasinai, donde encontraron y recuperaron a dos miembros de la colonia de La Salle, un tal Pierre Meunier, ahora de veinte años, y Pierre Talón, de catorce. Meunier formaba parte del grupo de los diecisiete de la última misión de exploración de La Salle, había visto la masacre y decidió quedarse con los indios en lugar de continuar con un séquito de asesinos. Pierre Talón, apenas entrado en la pubertad cuando La Salle abandonó el Fuerte de San Luis por última vez, había terminado cautivo a manos de los karankawa tras la destrucción del fuerte. Ambos llevaban ahora los tatuajes faciales de los nativos, y —algo sorprendente— se mostraron más que reticentes a acompañar a los españoles de vuelta a Nueva España. Acompañaron a los hasinai en su entrada y sirvieron de intérpretes a los españoles.

En mayo del mismo año, esta expedición llegó a la tribu de los nabedaches y decidió fundar allí, cerca del río Neches, la primera misión del este de Texas. La zona para construir la misión se decidió el 22 de mayo. El 24 ya habían construido una capilla de madera desde la que se ofició misa y se izó la bandera española. Durante los días siguientes, los soldados y los nativos construyeron juntos una colonia de varios edificios, creando en pocos días una apariencia de orden donde antes, durante milenios, solo había desierto. Llamaron a esta misión *San Francisco de los Tejas,* en honor conjunto al *pater familias* de la orden franciscana y de los nativos entre los que se asentaron. El padre Massanet recibió la posesión oficial de la misión el 1 de junio.

Al día siguiente, Massanet partió con De León para regresar a Coahuila. Fray Francisco Casañas de Jesús María y los dos frailes restantes se quedaron atrás para atender la misión. El grupo había estado estacionado solo un par de semanas, pero ya los nativos se quejaban del comportamiento lascivo de algunos de sus hombres. Al parecer, justo antes de que la entrada partiera de Monclova, De León se dio cuenta de que le faltaban veinte soldados de los 110 que tenía asignados. Había reunido apresuradamente un contingente de Coahuila para suplir la carencia, pero se trataba de un grupo ecléctico, «... compuesto principalmente por zapateros, albañiles, sastres, mineros y aventureros, un grupo variopinto e incoherente, inspirado por motivos egoístas y abocado al fracaso de la empresa».[11] Muchos de ellos encontraron en los bosques del este de Texas una gran oportunidad para el comportamiento licencioso y lascivo. Para agravar aún más la situación, cuando el grupo se disponía a partir a finales de mayo, De León había querido dejar cincuenta soldados con los frailes; sin embargo, Massanet, temiendo que tal presencia marcial intimidara a los nativos, exigió que solo se quedaran tres soldados. La disputa terminó a favor de este último, pero entre el mal comportamiento de sus hombres y las discusiones con Massanet, De León fue pronto relevado de su cargo cuando la partida llegó por fin a Nueva España. No obstante, durante el viaje de regreso al interior de México, De León tuvo noticias de algunos supervivientes franceses más en la zona de la costa del Golfo. Se trataba nada menos que de los otros tres Niños Talón (Robert, Lucien y Marie), que habían estado entre la tribu karankawa y, al igual que su hermano Pierre, habían sido marcados con los tatuajes de los nativos en la cara y el cuerpo. Cuando llegaron a Nueva España, todos los niños fueron puestos al cuidado del virrey Gaspar de la Cerda Sandoval Silva y Mendoza, conde de Galve.

El virrey, tras recibir los informes de De León y Massanet, decidió volver a desplegar los esfuerzos españoles en la misma región. Concedido el permiso real para proceder con esta expedición. El conde de Galve se preparó para la nueva empresa con mejor planificación y apoyo que antes. Como siempre, el propósito era doble: el primero era ofrecer apoyo a la misión existente; el segundo, por supuesto, era establecer una presencia española más fuerte a lo largo de esta frontera. Para ello, el virrey implementó una estratagema diferente; esta entrada sería encabezada por don Domingo Terán de los Ríos, el nuevo gobernador de Coahuila y Texas, quien haría su entrada con cincuenta soldados. Además, cuarenta más serían enviados por mar para prestar un apoyo más seguro llegando a la

11 Walter F. McCaleb *Spanish Missions of Texas.* (San Antonio: Naylor, 1961), 32.

bahía del Espíritu Santo. Obviamente, la situación política era de mayor valor que la eclesiástica. Sin embargo, el virrey comprendió que pacificar a las tribus indígenas de esta región, en comparación con las que Cortés había encontrado, requería más biblias que balas.

Esta entrada exigía el establecimiento de ocho nuevas misiones en el este de Texas. Una vez más, se encomendó al padre Massanet la tarea de supervisar el componente religioso. Para ello empleó a catorce frailes y varios laicos, y se aseguró de que todos estuvieran bien abastecidos con las provisiones y vituallas que se necesitarían una vez que estas misiones se dejaran funcionar por sí solas. El gobernador Terán y compañía partieron del Presidio de San Francisco de Coahuila el 16 de mayo de 1691, y se unieron a la comitiva del padre Massanet cuatro días después.

Esta entrada, aunque siguió la misma ruta hacia el río Grande, y muy probablemente cruzándolo de nuevo en el Paso de Francia, decidió intentar un camino disímil pero más directo hacia la región de Tejas. El grupo cruzó y volvió a cruzar ríos y arroyos que, si bien eran los mismos a los que habían llegado otras entradas, eran tan desconocidos en sus confluencias que iban adquiriendo nuevos nombres. Como señala McCaleb: «Con el paso del tiempo se hizo prácticamente imposible identificar un lugar por su nombre, ya que probablemente el mismo nombre se había aplicado a varios otros puntos.»[12]

Al cabo de un par de semanas, tras retrasarse por el mal tiempo, los españoles fueron recibidos por un pequeño grupo de indios que llevaban cartas de la misión del este de Texas. Las noticias no eran buenas. Las enfermedades (muy probablemente, la viruela) habían diezmado a los habitantes de la misión, incluido uno de los religiosos. Las cosechas se estaban echando a perder, y el ganado también se estaba muriendo. Terán decidió enviar a veinte de los suyos a la bahía del Espíritu Santo para localizar sus recursos navales. Una vez que esta compañía llegó a la orilla, no se veía ni rastro de los barcos.

12 *Ibid.* 37.

El pequeño contingente dejó una nota a una tribu costera para que la entregara al comandante del barco en caso de que llegara.

El grupo se reunió de nuevo, y Massanet y Terán discutieron sobre cómo proceder. A Terán le preocupaba sobre todo explorar más profundamente el territorio de los caddo; Massanet, obviamente, tenía en mente el bienestar de la misión y de su gente. Terán, todavía deseoso de los suministros a la deriva en algún lugar del golfo, pidió que una unidad más pequeña de soldados regresara allí. Massanet sostuvo que toda la empresa debía continuar hacia la misión, ya que esta se encontraba claramente en una situación precaria. La opinión de este último se mantuvo y el grupo continuó hacia la misión. Sin embargo, los religiosos, más deseosos que los militares de llegar a la desesperada misión, se adelantaron para establecer contacto lo antes posible.

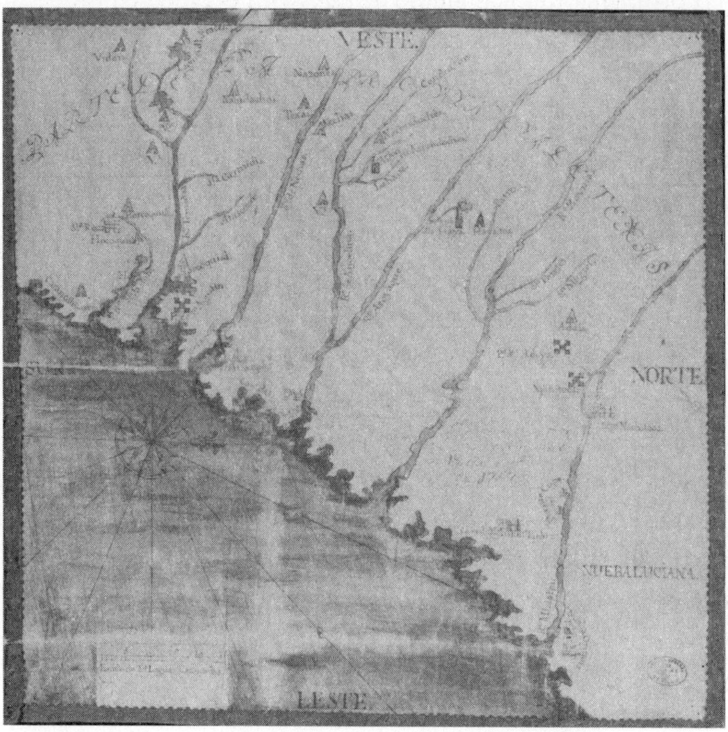

España. Ministerio de Cultura. Mapa de los bahías de espíritu santo y matagorda (con marcadores para las misiones en este de texas). *Archivo General de Indias: MP Florida-Luisiana 56*

El padre de Jesús María recibió al grupo con noticias peores de lo imaginado. No solo había fallecido fray Fonte Cubierta, sino que las cosechas de las dos temporadas no habían arraigado, gran parte del ganado también había muerto y, lo que era peor aún, la misma epidemia que había martirizado a Cubierta se había cobrado la vida de 300 hasinais y más de 3000 de las diversas tribus de los tejas. Sin embargo, el grupo recién llegado se enteró también de que el padre de Jesús María había construido otra misión en el intervalo, la del Santísimo Nombre de María, y que los religiosos, a pesar de los avatares del mundo, habían conseguido realizar algunos de sus deberes celestiales bautizando a cerca de un centenar de nativos. Sin embargo, este fue casi todo el éxito de los frailes. Según el padre María, la persistencia de la epidemia había llevado a muchos de los indios a preguntarse si los españoles y su agua bendita no eran la causa de la enfermedad y empezaron a tramar una venganza. El padre María dio dos razones para evitar las hostilidades de los indios. En primer lugar, argumentó que no solo habían enfermado los nativos, sino que fray Cubierta también había sucumbido a la misma enfermedad. A continuación, cuando el jefe de nueve tribus de Tejas, Xinesi, enfermó, el padre Jesús María le bautizó en lo que en aquel momento parecía su lecho de muerte. El jefe se recuperó, se hizo muy buen cristiano y apaciguó los ánimos durante algún tiempo. Sin embargo, Fray María afirmó que lo que realmente instigó la agitación emocional fue la falta de regalos para los nativos. Al parecer, a medida que se agotaban los recursos, crecía el resentimiento.

Esta fue la situación que encontró Terán cuando llegó en agosto de 1691. Según cuentan, todos se alegraron mucho de su llegada: los religiosos por las razones obvias, y los nativos porque el gobernador había traído más muestras y regalos. En total, la misión de San Francisco de los Tejas llevaba catorce meses esforzándose en solitario.

Siguiendo el plan previsto, Terán declaró el territorio de Tejas para España y le aplicó el nombre de El Nuevo Reyno de la Montaña de Santander y Santillana. A continuación, tras entregar el resto de los recursos, es decir, los animales, provisiones, etc., Terán partió de regreso a la bahía en busca del contingente naval hacia finales de agosto, dejando a los religiosos a sus labores en la misión. Terán localizó el 8 de septiembre a la pequeña flota, que había tocado tierra a principios de julio, pero que, por alguna razón, la partida de exploración anterior no había logrado encontrar. Durante algo más de dos semanas, el grupo esperó a que descargaran los suministros. Entonces, reunidos de nuevo, la expedición partió hacia las misiones del este de Texas a finales de septiembre.

Debido al tiempo otoñal, Terán y su grupo se retrasaron. Esperaron a que se retiraran los ríos y arroyos crecidos y a que se secaran las carreteras atascadas de barro. Pasaron dos meses antes de que llegaran de nuevo a las misiones, el 26 de octubre. Pero Terán estaba impaciente por continuar con sus órdenes. Después de descansar en las misiones solo una semana, quiso reconocer de nuevo los territorios de los cadodaches. Partiendo mal preparado y malhumorado (con el padre Massanet entre ellos), la mayoría de los historiadores coinciden en que la decisión de Terán de iniciar este esfuerzo durante el invierno se debió únicamente a su preocupación por querer acabar con la empresa. Sin duda es cierto. Después de encontrar el río Rojo, la frontera del territorio Caddo, Terán encontró una canoa, hizo un par de intentos desenfadados de sondeos y bocetos del recorrido del río, permitió a Massanet cruzar para averiguar si los nativos del otro lado podrían ser conversos dispuestos y toda la compañía emprendió el regreso a las dos misiones.

Una vez llegados de vuelta, las tensiones entre los dos líderes no terminaron. Terán dijo que necesitaba caballos frescos y algunas reses para su viaje a la costa, donde se reuniría con los barcos de suministros y zarparía de vuelta a Nueva España. Massanet se negó, los religiosos los necesitaban en las misiones. Terán dijo a sus soldados que cogieran lo que necesitaran, y así lo hicieron. Del pequeño contingente de soldados que quedaba para proteger a los frailes en su trabajo, el comportamiento lascivo no hizo más que aumentar tras la marcha de su comandante. En cuanto a los cultivos que los religiosos intentaron establecer, dos años de sequía acabaron con todos menos con algo de maíz. De las actitudes de los frailes al ser abandonados a su suerte en el desierto, solamente podríamos imaginar la increíble carga que tal cosa ejercería sobre la mente. Después de Terán, los nativos se volvieron más revoltosos. No aceptaron la idea del confinamiento dentro de los muros de las misiones. El ganado se contagió de alguna enfermedad y la mayoría pereció. Ni siquiera una pequeña partida de socorro en el verano de 1693 pudo proporcionar la confianza suficiente para apaciguar los ánimos a ambos lados de los muros de la misión. De hecho, varios de los religiosos aprovecharon la oportunidad para regresar a Coahuila con la partida de socorro en lugar de permanecer en las misiones. Poco después, Massanet pidió más suministros al virrey, pero este no se mostró dispuesto a ayudar. Las tensiones con los franceses habían disminuido y los esfuerzos por apaciguar la región hasta entonces habían tenido poco éxito. En agosto de 1693 se ordenó el abandono de las misiones. Así, el 25 de octubre, los últimos frailes, tras enterrar sus aspiraciones, las campanas de las misiones y todo lo que no pudieron cargar, partieron hacia Nueva España. Para ellos —que se habían formado para esto—, el trabajo de su vida y el abandono de lo que habían construido con sus propias manos debió de ser devastador. Para evitar cualquier profanación de la misión, Massanet le prendió fuego antes de partir.

En cuanto a las causas de este prolongado fracaso, es bastante fácil suponer que una confluencia de acontecimientos acabó con la empresa. Como escribió Clark hace más de un siglo, «el plan misionero (de construir las ocho misiones) parece haber sido abandonado por completo; y las misiones ya establecidas no estaban en condiciones florecientes. La amabilidad de los tejas no estaba exenta de doblez; mientras profesaban buena voluntad para asegurarse los regalos que los españoles les hacían con frecuencia, robaban constantemente en las misiones, y robaban y mataban a los animales. Además, atribuían las enfermedades y muertes que se producían entre ellos a la influencia de la nueva religión que habían profesado, y empezaron a rebelarse contra ella y a amenazar a los sacerdotes.

Estas dificultades se veían agravadas por la dureza y la falta de tacto que caracterizaban el trato de los soldados con los nativos».[13]

Por poco prometedor que fuera el final, este capítulo de la historia de los franciscanos en Texas sirve al menos para ilustrar la fortaleza y la fe de un grupo de hombres dispuestos a lanzarse a lo desconocido para promover sus creencias; en el mejor de los casos, sus esfuerzos demuestran una profunda dedicación a su orden unida a una perseverancia que pocos han mostrado a lo largo de la historia. Aunque pasarían veinte años entre este intento y el siguiente, la determinación de los frailes acabaría dando a Texas la forma que hoy conocemos.

13 R.C. Clark. *The Beginnings of Texas: Fort Saint Louis and Mission San Francisco de los Tejas, The Quarterly of the Texas Historical Association*, vol. V (Enero de 1902) no.3. 197-8. Disponible en https://books.google.com/books

CAPÍTULO 2
LAS MISIONES-PRESIDIO DE GOLIAD

El Presidio de Nuestra Señora de Loreto, hoy más conocido como La Bahía, se fundó en abril de 1721. Construido en o cerca del sitio del Fuerte San Luis de La Salle, esta guarnición fue construida sobre el mismo terreno donde el padre Massanet había arrasado la colonia francesa solo treinta años antes. En este empeño se incluiría también, al cabo de un año más, la misión de Nuestra Señora del Espíritu Santo de Zúñiga y, aproximadamente treinta años después, la de Rosario. Como muchas de las misiones españolas en Texas, las dos primeras mencionadas, ahora en Goliad, Texas, tuvieron su origen en otros lugares. Muchas de las misiones fueron trasladadas o transferidas de un lugar a otro por razones políticas o para intentar recuperar el contacto con determinadas tribus indias o retirarse de ellas. En otras ocasiones, los lugares originales simplemente se consideraron demasiado escasos de recursos para continuar.

Desde la retirada de los franciscanos de las primeras misiones en el este de Texas en 1693, habían continuado sus esfuerzos para persuadir al Gobierno en Nueva España para realizar más excursiones, para recuperar lo que percibían como perdido. Sus peticiones fueron continuamente rechazadas durante varios años. Sin embargo, al igual que el padre Massanet había perseverado todo lo que pudo en

San Francisco de los Tejas (el Santísimo Nombre de María había sido arrastrado por el embravecido río Neches), al final se sintió angustiado y se marchó. Como señala Kessell, «después de haber vivido entre los hasinais, él (Massanet) ya no tenía nada bueno que decir de ellos. Insolentes, engañosos, irremediablemente idólatras, constantemente conspirando para asesinar a sus misioneros, interesados solo en los beneficios materiales y reacios a congregarse en las ciudades de misión, estos nativos tendrían que ser forzados a convertirse».[14] El interés español por la región había disminuido. Quedaba uno, al menos, que aun regresando a Monclova con Massanet y los demás, continuó en su empeño de llegar y predicar a los indios del territorio de Tejas. Y, sería el ardor de este joven sacerdote lo que eventualmente resultaría en las misiones que hoy se encuentran en Goliad.

Francisco Hidalgo se había unido a los franciscanos a la edad de quince años y luego cruzó a Nueva España, con Massanet y los demás, cuando apenas tenía veinte. Desde el momento en que los misioneros regresaron a Monclova en 1694, fray Hidalgo continuó llegando a los nativos de la zona del río Grande y sus alrededores. En 1700, Hidalgo desempeñó un papel decisivo en la fundación de la misión de San Juan Bautista, a pocos kilómetros del río Grande, una misión que se convirtió en una especie de oasis en el desierto entre las civilizaciones de Nueva España y las tierras salvajes al norte del río.

Después de varios años de intentar frustradamente conseguir recursos para otra misión en Texas, el padre Hidalgo dio con un plan que sospechaba que entretendría más que deprimiría al Gobierno de Nueva España. Al darse cuenta de que las filosofías evangélicas no resonaban entre los funcionarios, decidió que una motivación política captaría la atención necesaria. Estaba en lo cierto. Hidalgo, al igual que el Gobierno español, sabía que el territorio de Luisiana estaba siendo colonizado con éxito por los franceses. En 1711, tras haber pasado los últimos quince años en la misión de

14 John L., Kessell. *Spain in the Southwest: A Narrative History of Colonial New Mexico, Arizona, Texas, and California.* (Norman: University of Oklahoma Press, 2002), 167-68.

San Juan Bautista tratando agitadamente de conjurar un plan para regresar a los tejas, Fray Hidalgo escribió una carta al gobernador de Luisiana, Antoine de La Mothe, Sieur de Cadillac, pidiéndole ayuda para refundar misiones en el este de Texas. Hidalgo hizo tres copias y mandó cada una a una dirección diferente. Después de esperar dos años, se retiró al Colegio de Querétaro en 1712. No se enteró de su éxito hasta 1714, cuando por fin le llegaron noticias al Colegio, y ni siquiera entonces pudo saber hasta qué punto había tenido éxito.

Algunos han escrito que Cadillac ignoró la oferta al principio. Weddle afirma que Cadillac «se puso inmediatamente a la tarea de establecer el comercio con México enviando un barco de mercancías a Veracruz, ofreciendo un intercambio por ganado y otras necesidades. Pero los oficiales españoles devolvieron el barco con una severa advertencia de que los puertos de Nueva España estaban cerrados a todo comercio extranjero»[15]. Aun así, con su interés despertado, envió a Juchereau de St. Denis a Texas para establecer relaciones comerciales con la población nativa, la confederación hasinai, y localizar al autor franciscano de la carta. St. Denis cumplió y tuvo mucho éxito en el establecimiento de relaciones con los tejas. Pronto aprendió su lengua y se convirtió en un visitante y comerciante bienvenido. Dos años más tarde, en 1713, Cadillac se aventuró aún más; ordenó a St. Denis que visitara las misiones españolas de Coahuila, concretamente San Juan Bautista, aparentemente para establecer relaciones comerciales. Dependiendo del libro que se lea, St. Denis es descrito de diversas maneras: gregario, extravagante, amable, romántico, etc. Sea cual sea la verdad sobre su carácter, una cosa es cierta: fue rápidamente aceptado por todos aquellos con los que trató. Mientras viajaba hacia Nueva España, Denis se hizo con un compañero, el jefe Bernardino de los tejas, y juntos entraron en la misión de San Juan Bautista. El capitán del puesto avanzado, Diego Ramón, detuvo rápidamente al francés y, tras unas horas de conversación, hizo encarcelar a Denis... en su propia casa. El encar-

15 Robert S. Weddle, *San Juan Bautista*, 100.

celamiento de St. Denis duró unas semanas, mientras Ramón esperaba noticias de sus superiores; su único confinamiento real fue el interior del presidio. Durante este tiempo, St. Denis y Ramón escribieron al padre Hidalgo en Querétaro, mencionando las esperanzas de otra entrada en la región a la que Hidalgo estaba tan ansioso por volver. De hecho, las condiciones en el presidio se volvieron tan cómodas mientras todos esperaban noticias de la capital mexicana que St. Denis tuvo tiempo de cortejar y casarse con la nieta de Diego Ramón, Manuela Sánchez.

Fachada de espíritu santo zuniga. *Imagen cortesía de autor.*

El rumor, en su peculiar manera de atravesar cualquier barrera y al mismo tiempo permanecer donde ha huido, ya había llegado a oídos del virrey de Nueva España; los franceses habían comenzado a comerciar con las tribus hasinais. En consecuencia, cuando la carta de Ramón llegó a la capital (había sido su deber declarar la llegada de St. Denis al presidio), las autoridades condujeron a Denis encadenado a la capital mexicana para ser interrogado. Domingo Ramón (hijo de Diego) acompañó a los soldados, probablemente para defender su caso. Durante varias semanas, el general de la junta escuchó las explicaciones de St. Denis. Al final, la carta y las ambiciones de Hidalgo fueron aprobadas. Las autoridades tenían ante sí a un francés que, aunque potencialmente adversario, era útil como guía y traductor. Su encanto le valió también el puesto de comisario de la expedición. La junta decidió que Denis bien podía ser una baza para otra entrada española en un territorio tan vergonzosamente abandonado veinte años antes. Domingo Ramón dirigiría a los soldados españoles y St. Denis les acompañaría.

Esta entrada tenía múltiples propósitos. Los españoles sentían la necesidad de expulsar a los siempre amenazadores franceses, restablecer con más misiones las abandonadas anteriormente y perseguir a los nativos que llevaban varios años hostigando los intereses españoles en las regiones cercanas al río Grande y al norte. Además de veinticinco soldados, se incorporaron al grupo varias familias españolas. De hecho, tal y como habían solicitado los frailes, siete soldados casados trajeron consigo a sus familias, cuyas esposas son consideradas las primeras mujeres españolas en la región de Texas. Diez franciscanos del Colegio de Querétaro y sus laicos auxiliares se unirían a la unidad. Dentro de este grupo religioso se encontraba el padre Hidalgo. A ellos se sumaron tres frailes del más reciente colegio misionero de Zacatecas. Entre soldados, civiles españoles, religiosos, indios auxiliares y esclavos, el número total del grupo se acercaba al centenar. Las bestias de carga y el equipaje acumulado eran cada vez mayores. Parece que los españoles habían aprendido al menos una lección de su experiencia anterior: llevar suficientes regalos para mantener a todos pacificados durante un periodo prolongado. Esta expedición partió de Saltillo (hoy capital del estado de Coahuila) en febrero de 1716 y llegó al río Grande en abril.

El 22 de junio, la expedición llegó al río Trinidad, llamado entonces río de San Juan Bautista; al alcance de las tribus hasinais. A principios de julio ya habían fundado la misión de Nuestro Padre San Francisco de los Tejas, a tan solo doce millas (o cuatro leguas) de la misión original de San Francisco de los Tejas (siendo una legua la distancia que se podía caminar en una hora; aproximadamente, cinco kilómetros). El padre Isidoro Félix de Espinosa, presidente del colegio de Querétaro, recibió el cargo oficial de la nueva misión. A su vez, transfirió el cuidado a Fray Hidalgo. En poco tiempo, este grupo estableció tres misiones más, la siguiente fue la misión de Nuestra Señora de la Purísima Concepción de los Hasinais, fundada a unos treinta y dos kilómetros al noreste de San Francisco, cerca de lo que hoy es Douglass, Texas. Fray Gabriel de Vergara fue encargado de esta misión y el padre Espinosa eligió el lugar como su cuartel general.

Le siguió Nuestra Señora de Guadalupe, establecida a unas nueve leguas al este de Concepción (si se considera que un par de estas misiones estaban situadas en la actual Luisiana, se estaría en lo cierto). El encargado de esta misión fue fray Margil de Jesús, el mismo fraile que en 1707 había fundado el Colegio de Nuestra Señora de Guadalupe de Zacatecas.

La cuarta misión, San José de los Nazonis, fue construida aproximadamente a cinco leguas al sudeste de Concepción. Esta misión fue puesta al cuidado del padre Benito Sánchez. Casi inmediatamente, los españoles se dieron cuenta de que habían extendido demasiado su alcance. Las propias misiones se encontraban en territorio relativamente amistoso, pero justo al norte y al oeste, tribus apaches hostiles amenazaban a españoles y tejas por igual. Al sur, los caníbales karankawa se aferraban a la región por la que debían pasar los suministros o las excursiones de retirada. Para fortificar sus posiciones, San Denis y Ramón, acompañados por el padre Margil de Jesús, viajaron a las regiones francesas ese mismo año de 1716. Tras su regreso, a principios de 1717 se establecieron otras dos misiones, Nuestra Señora de los Dolores y San Miguel de Linares de los Adaes; la primera cerca de la actual San Augustine, Texas, y la segunda cerca de Robeline, Luisiana. Fray Margil de Jesús se hizo cargo de ellas. Sin embargo, estas otras dos misiones hicieron poco por reforzar una posición tenue. Poco antes del viaje, los frailes y Ramón habían dictado una carta al virrey pidiendo más soldados, un aumento de su paga y cada vez más presentes para los nativos.

Estas misiones restauradas gozaron de un temprano éxito. Cientos, si no miles, de nativos acudían a las misiones en busca de instrucción religiosa y de los recursos que ofrecían los españoles. Sin embargo, no pasó mucho tiempo antes de que volvieran las enfermedades y las privaciones. En otoño de 1716, fray Olivares, que había decidido permanecer en la frontera, en la misión de San Francisco Solano (al otro lado del río Grande, frente al actual presidio, en Texas), viajó a la capital mexicana para consultar con el nuevo virrey, el marqués de Valero. Presentó un informe sobre el estado de la reciente entrada. Se necesitaban más misiones, declaró Olivares, porque los franceses estaban aumentando tanto en número como en comercio. Además, Olivares propuso plantar un asentamiento completamente nuevo en el río San Antonio. El resultado del extenso informe de Olivares conduciría finalmente a una expedición, dirigida por Martín de Alarcón, que restablecería la misión de San Francisco Solano (situada muy cerca de la de San Juan Bautista, en Coahuila) a la de San Antonio de Valero junto con el Presidio de San Antonio de Béxar, que juntos se denominarían *Villa de Béjar*. Esta área se convertiría en el núcleo de la mayoría de las futuras expediciones, el centro fortificado dentro del territorio de Texas, reemplazando efectivamente a San Juan Bautista como el depósito de todo el trabajo de la misión. Con toda probabilidad, este había sido el plan de Olivares desde el principio. La expedición de Alarcón, sin embargo, también debía alimentar a las misiones recién fundadas en el este y, en ese sentido, fracasó. Aquellas misiones se tambaleaban. De nuevo, las cosechas no producían, la enfermedad se extendía entre los religiosos y los indios, y los recursos que se habían almacenado se volvían a agotar, y con su pérdida también disminuía la población indígena. Como explica Buckley, «se enviaron peticiones urgentes de alivio al Gobierno patrio tanto antes como después de la expedición de Alarcón, pero por diversas razones no llegó ninguna ayuda».[16] Estas

16 Eleanor Claire Buckley. *The Aguayo Expedition into Texas and Louisiana, 1719-1722. The Quarterly of the Texas State Historical Association*, vol. 15 (July 1911) no. 1. 2. Disponible en www.jstor.org/stable/30243078

nuevas misiones en la región de Tejas prevalecerían, muy débilmente, durante casi dos años mientras esperaban noticias y suministros. De hecho, una de las entradas de suministros, que partió en diciembre de 1717, estaba encabezada por fray Miguel Núñez de Haro. Este grupo, al encontrar los ríos demasiado crecidos para cruzarlos con todas sus provisiones, hizo sus nidos ribereños e intentó esperar a que las aguas bajaran. A finales de marzo, Núñez se vio obligado a retirarse. Él y su pequeño contingente habían intentado sobrevivir a la estación, pero la naturaleza demostró ser un adversario más tenaz. En consecuencia, el padre Núñez optó por dejar el alijo semioculto bajo una mata de árboles utilizando su tienda como cobertura, y luego envió una nota por correo indio a los frailes de las misiones. El padre Núñez rezó para que los mensajeros no leyeran la nota y se llevaran ellos mismos las provisiones latentes, ni tardaran tanto que los frailes necesitados nunca localizaran el alijo. Casi cuatro meses después, la carta llegó a los religiosos de las misiones del este de Texas, y en un par de semanas habían encontrado los suministros exactamente donde indicaba la carta descolorida. Los religiosos de los tejas aprendieron mucho de las cartas entre las provisiones. Hasta ese momento ignoraban que Martín de Alarcón había sido nombrado gobernador de Coahuila y Texas, y que, junto con el padre Olivares, había iniciado un nuevo asentamiento español en el río San Antonio, un proyecto que podría reducir a la mitad la distancia y el tiempo para reabastecer sus propias misiones o las futuras.

Ruinas de la misión rosario. *Imagen cortesía de autor.*

Mientras tanto, los frailes, según sus registros, en las misiones del este de Texas habían sido fieles a su orden. Donde hombres de menor rango podrían haberse retirado, estos se quedaron con pocas o ninguna provisión. Según sus informes, no tenían vino para los sacramentos, ni cera para las velas,; sus ropas estaban literalmente hechas jirones y habían tenido que conformarse con cazar cuervos como fuente de carne. Después de leer las cartas, los frailes se enteraron de que se habían dado órdenes a Alarcón para la salud y el mantenimiento de las misiones. La única dificultad era que tenían dos años de antigüedad. ¿Qué había estado haciendo Alarcón exactamente? Según los escritos, Alarcón había partido hacia las misiones de Tejas con soldados de reemplazo (la mayoría había desertado), grano, ganado y otros enseres. Como las órdenes tenían dos años, los frailes se reunieron para discutir qué hacer. Las provisiones dejadas por Núñez solo aliviarían ligera y temporalmente la profundidad de las caries, había que hacer algo para evitar una segura decadencia futura. Los frailes se reunieron en la Misión de Los Dolores (un lugar muy adecuado para reunirse dadas las circunstancias) y decidieron que un fraile de cada colegio, uno de Zacatecas y otro de Querétaro, debía salir para reunirse con el virrey y explicarle la verdadera naturaleza de la situación en sus misiones. Fueron elegidos los padres Espinosa y Matías Sáenz de San Antonio. En San Antonio de Padua, zona de la misma región de Villa de Béjar, fray Espinosa comprendió que Alarcón había partido, primero hacia la bahía del Espíritu Santo, y después tenía programadas las misiones de oriente. Decidió esperar a Alarcón en la bahía y entregó sus cartas a fray Sáenz, quien continuó hacia la capital mexicana.

En junio de 1718 el virrey discutió la situación de las misiones orientales ante otra junta. El padre Sáenz sabía que el capitán Ramón, habiendo recibido noticias del fracaso de Núñez, ya había enviado su propia carta a la capital mexicana dando fe de la misma situación. La comisión asignó otros 4000 pesos para las misiones del este. Aun así, tras llegar al virrey en noviembre de 1718, Sáenz leyó sus cartas —tan optimistas que resultaban tediosas—; una carga que había llevado durante tantos kilómetros. Se quejaba del ambiente amargo y de la falta de apoyo. Sin embargo, con la mayoría de las preocupaciones del franciscano prácticamente desatendidas, Sáenz abandonó Nueva España en febrero de 1719, cansado de esperar a que una espesa burocracia se ablandara y entrara en acción.

Durante algún tiempo, las circunstancias siguieron siendo las mismas que durante dos años. Las provisiones de todo tipo eran más que escasas, y los franceses, que se estaban asentando cómodamente a tan solo unas leguas al este, hacían un buen negocio con los nativos, cambiando armas por caballos. El padre Espinosa, sin embargo, se encontró con el tren del gobernador Alarcón en Espíritu Santo y lo dirigió de vuelta a las misiones del este. Únicamente se puede adivinar cómo fueron las conversaciones iniciales, pero el relato que Espinosa hace de lo sucedido tras la partida del gobernador no deja lugar a dudas sobre el tenor de las mismas. Escribía poco después de la partida del gobernador que «las misiones de Texas quedaron como estaban antes, y el gobernador regresó a Coahuila sin haber dado ninguna providencia favorable para el crecimiento de las misiones».[17] Sin embargo, todo fue en vano, ya que los acontecimientos políticos, una vez más, pondrían a prueba el temple de la resolución del franciscano.

A principios de 1719, Francia y España estaban de nuevo en guerra. En otoño, el puesto español de Pensacola había sido tomado y, según los informes, cien soldados franceses marchaban hacia el este de Texas. Sin embargo, las noticias tardaron en llegar a Texas y no fue hasta el verano de ese mismo año cuando el comandante francés de Natchitoches, Philippe Blondel, comprendió que debía mostrarse hostil hacia los misioneros españoles situados justo al oeste. Así informado, Blondel *atacó* la misión de San Miguel con una fuerza de siete hombres y encontró la misión guarnecida por dos (uno, un soldado español; el otro, un hermano franciscano). Este hermano laico

17 Fray Isidro Félix de Espinosa. *Crónica de los Colegios de Propaganda Fide de la Nueva España.* Nueva edición con notas e introducción de Lino G. Canedo O.F.M. (Washington D.C., 1964), 737. Disponible en https://archive.org/stream/cronicadeloscole00espi#page/n11/mode/2up

pudo escabullirse al bosque y escapar a la misión Nuestra Señora de los Dolores mientras los franceses saqueaban San Miguel. Blondel cogió lo que había (que era casi nada) y luego asaltó el gallinero. El error no fue tanto robar la comida del fraile, sino atar las gallinas vivas a su propio caballo. El revoloteo y los graznidos de las gallinas hicieron que el caballo se encabritara y atropellara a Blondel. Así estalló la tristemente célebre *Guerra de los Pollos* de 1719. Es difícil comprender que una agresión tan anémica y lamentable tuviera el resultado que tuvo. Con el único soldado español detenido por los franceses, el hermano franciscano se puso en contacto con los frailes Espinosa y Margil para informar del suceso. Estos dos, a su vez, escribieron varias cartas que fueron enviadas apresuradamente a San Antonio, al virrey y a las misiones del otro lado del río Grande. Mientras tanto, Espinosa, Margil y otros se refugiaron en la cercana misión Concepción. Los soldados del presidio estaban listos para retirarse. Todos los españoles eran conscientes de que los nativos llevaban rifles franceses. El resultado de otro conflicto no era ahora una victoria española segura. Ahora había muchas razones para creer que los franceses podrían hacer confederados a los nativos, y la lucha sería irremediablemente unilateral con los españoles sitiados y solos dentro de sus misiones vacías. El capitán Ramón era partidario de retirarse hacia la villa de Béjar; los padres Margil y Espinosa querían permanecer en las misiones, como era su deber. Las ocho esposas de los soldados del presidio se pusieron del lado de Ramón, todas querían desesperadamente salir del desierto y alejarse de la amenaza oculta. Como Espinosa escribió entonces: «Todo era confusión y tristeza».[18]

Celebrada una reunión entre Ramón, Espinosa, Margil y los demás franciscanos, se decidió partir hacia la misión de San Antonio de los Tejas y la villa de Béjar. Ramón, los soldados, las esposas y todos los demás se retirarían a las fronteras de los tejas y esperarían. Espinosa y Margil regresaron a Concepción para calmar las inquie-

18 *Ibid.* 738.

tudes de los indios por la marcha de los españoles. Estos dos permanecieron dos meses antes de saber que Ramón presionaba cada vez más hacia Béjar. Espinosa y Margil no tuvieron más remedio que seguirles y así, de nuevo, el este quedó abandonado.

Antes de partir esta vez, Espinosa y Margil escribieron otras cartas al virrey con quejas detalladas sobre por qué y cómo había ocurrido todo esto. Como observa Buckley, «los misioneros atribuyeron su incapacidad para resistir el presente movimiento hostil a la incapacidad general del Gobierno para apoyarlos adecuadamente y, en particular, a la incapacidad de Alarcón para seguir sus instrucciones».[19]

La respuesta de España a toda esta confusión y tristeza fue sustituir a Alarcón. Marqués de San Miguel de Aguayo, fue nombrado gobernador y general de las provincias de Coahuila, las Nuevas Filipinas y Texas en 1719. Tal vez no sea algo sorprendente, pero ciertamente con clarividencia, el año anterior, en 1718, el rey de España había emitido una cédula real manteniendo que «no se permitiera la entrada de barcos franceses en ningún puerto español», y encargó al virrey que se esforzara en abastecer y mantener las misiones de Texas, y que colocara el mayor número de misioneros en San Antonio, por ser el asentamiento más cercano a Espíritu Santo. Ordenó que, en este último lugar, «se levantase un fuerte, en el lugar donde había estado el de La Salle».[20] Con esta directiva, Aguayo, acompañado por el padre Margil, inició su expedición para reinstalar una presencia española en el este de Texas. Aunque con retraso para consternación de Espinosa, durante año y medio, la expedición, compuesta por 500 soldados y todos los auxiliares necesarios, avanzó por San Juan Bautista en diciembre de 1720. Domingo Ramón, el mismo hijo de Diego, que había estado en el presidio de San Antonio desde la retirada del este de Texas el año anterior, recibió la orden de Aguayo de dirigirse a La Bahía, con un destacamento de cuarenta hombres, y ocupar esa región como defensa costera.

19 Eleanor Claire Buckley, *The Aguayo Expedition into Texas and Louisiana, 1719-1722*, 13.

20 *Ibid.* 22.

Reconstrucción en la bahía años 30. *Imagen cortesía del departamento de parques y fauna de Texas.*

La expedición de Aguayo iba muy abastecida. El tren completo tardó casi tres meses en cruzar el río Grande; la cantidad de ganado, ovejas, caballos, ropa y provisiones era inmensa, según el diarista de la expedición, el padre Juan Antonio de la Peña. A mediados de marzo de 1721, todos habían cruzado el río y marchaban hacia San Antonio por un camino ahora tan trillado que se le conocía como el Camino Real. A lo largo del viaje, Aguayo fue notificado de que el omnipresente St. Denis había llenado el vacío dejado por los españoles en el este de Texas. Denis y sus hombres aceptaron retirarse a Natchitoches, permitiendo a Aguayo restablecer seis misiones y un presidio en el este de Texas. Aguayo añadió el Presidio de Nuestra Señora del Pilar de los Adaes en la región como garantía adicional contra la invasión francesa.

Tras reunirse con el destacamento de Ramón más tarde en La Bahía, construyeron el Presidio de Nuestra Señora de Loreto en el emplazamiento de la antigua colonia de La Salle. Aproximadamente un año después, el grupo fundó la misión Nuestra Señora del Espíritu Santo de Zúñiga entre los karankawa. La nueva misión fue confiada al cuidado de los franciscanos del colegio de Zacatecas; su nombre rendía homenaje tanto al antiguo emplazamiento como al entonces virrey de Nueva España, Baltasar de Zúñiga. *La Bahía* era el término utilizado para identificar los asentamientos españoles en la zona, y se consideraba, junto con la refundada misión de San Miguel de los Adaes (que serviría como capital de Texas en años posteriores), en el este de Texas, necesitada de las más fuertes fortificaciones contra cualquier otra amenaza francesa, inglesa o nativa. Aguayo puso a don Domingo Ramón a cargo del presidio en La Bahía, y el padre Agustín Patrón y Guzmán cuidó de la misión.

La expedición del Aguayo había tenido un éxito superior al esperado. Donde antes de la *Guerra de los Pollos* solo había unas pocas misiones en el este, ahora había diez. Cuatro presidios vigilaban estas misiones, en lugar de los dos anteriores, y en ellos había de guarnición un total de doscientos sesenta y ocho soldados, frente a los míseros cincuenta de antes. De nuevo, como Buckley observa de la entrada de Aguayo, «fue quizás la más hábilmente ejecutada de todas las expediciones que entraron en Texas, y en resultados fue sin duda la más importante. Aseguró a España su dominio sobre Texas durante unos ciento quince años».[21] Lamentablemente, cuando Aguayo se retiró de Texas, parece que también lo hizo la

21 *Ibid.* 60.

fortuna española. Pronto, el nombre de Ramón volvería a ser un catalizador de angustia.

La Bahía, actual Matagorda Bay, no se contentó mucho tiempo con el éxito. Aguayo había abandonado Texas en 1722 y regresó a Coahuila en mayo. Diego Ramón, ya anciano pero todavía al mando de la «Puerta de Texas», la misión de San Juan Bautista, aún no sabía que iba a ser relevado de sus funciones. La Corona española había criticado su actitud amistosa hacia los franceses en general, y hacia St. Denis en particular. El rey promulgó un real decreto por el que se destituía a Ramón a algún puesto más avanzado, lo que mermaba su capacidad de comunicación con los franceses. Denis y su esposa española también serían trasladados a la lejana Guatemala. El anciano Ramón nunca llegó a enterarse de ambas informaciones porque su muerte se vio precipitada por noticias personales más preocupantes. Su hijo, Domingo, fue el instigador de otra atrocidad española contra una población nativa cuyos cuerpos debían custodiar y cuyas almas debían salvar.

Solo un año y medio después de su fundación, La Bahía tenía problemas. La trágica historia comenzó el 15 de diciembre de 1723, cuando un indio de la misión pidió algo de comida en casa de uno de los soldados del presidio Nuestra Señora de Loreto. Este indio tuvo la desafortunada idea de sacudir su manta dentro de la vivienda mientras esperaba su carne. La esposa de un soldado, que molía maíz en la misma zona, se mostró incrédula ante lo que percibió como los bárbaros modales del nativo. Llamó a su marido, que echó al nativo de la casa. Este incidente, al principio un destello de intolerancia, se convirtió en un motín, un motín que tal vez un hombre mejor podría haber moderado. Pero Ramón, enfurecido por la insolencia de los nativos, ordenó que arrestaran y confinaran en una pequeña habitación del presidio a todos los que pudieran localizar. Su plan era ahorcarlos para darles un escarmiento. La multitud, presintiendo la violencia que se avecinaba, decidió huir, y Ramón ordenó a sus hombres que atacaran. En la refriega, un nativo apuñaló a Ramón en el pecho con unas tijeras. Indignado y llevado a la desesperación, Ramón ordenó disparar un cañonazo directamente a la celda de contención. Esto dio a los indios una puerta de escape, salvo a una sola nativa, que fue apresada y ahorcada poco después. Don Domingo, herido en la carne además de en la estatura, murió ocho días después, el 23 de diciembre.

Domingo Ramón fue sustituido por su hijo Diego, llamado así por su abuelo. Según todos los indicios, Diego continuó con las infames costumbres de su padre. No tenía el control ni el mando de la región que tenía su abuelo. Como señala Weddle, «una investigación oficial de lo que ocurría en el presidio dio lugar a acusaciones formales de negligencia contra él. El juego era desenfrenado en el puesto; los soldados vestían harapos, sus armas no eran aptas para el servicio; la disciplina era inexistente».[22] En consecuencia, Diego fue sustituido por Juan Antonio de Bustillo y Ceballos. Sin embargo, este cambio de guardia no pudo reparar el daño causado. Los franciscanos se quejaron a sus superiores de que los karankawa no se asentaban en la misión ni adoptaban la fe católica tan fácilmente como se esperaba. Se produjeron varios saqueos de suministros y violencia aleatoria por ambas partes. Finalmente, en 1726, se tomó la decisión de reubicar La Bahía, tanto la misión como el presidio, unos cincuenta kilómetros más al interior, cerca del río Guadalupe, en el actual condado de Victoria, también conocido como Valle de la Misión (en inglés, *Mission Valley*).

Este nuevo esfuerzo tuvo mucho más éxito. Ahora, los franciscanos atendían a las tribus indias de tamique y aranama. Aunque los religiosos siguieron teniendo problemas con los nativos para adaptarse a lo que ellos consideraban un confinamiento, sin embargo, el trabajo de la misión floreció. Se construyeron presas y acequias de roca, que nutrían los campos circundantes. Además, la ranchería vecina producía más ganado del que necesitaba la zona inmediata y algunos de los suministros se exportaban tanto a las misiones del este como a la región de San Antonio. Durante veintiséis años, el trabajo de los franciscanos dio los resultados esperados:

22 Robert S. Weddle. *San Juan Bautista*, 167.

cientos de indios fueron bautizados y convertidos al catolicismo. Como ya era costumbre, los franciscanos animaron a los distintos grupos de indios a casarse entre sí, en un esfuerzo por pacificar las luchas intertribales. A los indios que decidieron convertirse en miembros de la comunidad de la misión también se les permitió participar en su propio gobierno. Los franciscanos iniciaron un sistema de custodia por el que algunos de los indios eran elegidos para supervisar ciertos elementos de la vida cotidiana. Mientras que algunos han visto esto como un intento de occidentalizar a los indios, los franciscanos simplemente lo veían como un trabajo para guiar a los gentiles hacia la salvación. Al menos durante un tiempo, La Bahía pareció funcionar según lo previsto. Sin embargo, España no fue el único país europeo que se dio cuenta de los beneficios que podía reportar el territorio. Los franceses y los ingleses también reconocieron que amplias extensiones de tierra, desde lo que hoy es Tamaulipas hasta la parte baja del valle del río Grande, aún estaban abiertas a la exploración y la colonización. Alguien tenía que reclamarlas rápidamente.

Altar en la bahía. *Imagen cortesía de Angie Browne.*

La misión de San Juan Bautista había sido, durante muchos años, la puerta por la que casi todas las entradas españolas habían progresado a lo largo del Paso de Francia hacia la región de Texas. En 1745, un pequeño contingente de soldados de la misión descubrió otro punto de paso más al este. Lo llamaron *Paso de Jacinto,* en honor al comandante del pelotón, Jacinto de León. Este nuevo punto de paso se convertiría en la puerta que abría esta región del sureste de Texas.

El Gobierno español, en 1746, contrató a José de Escandón, sargento mayor de Querétaro y soldado experimentado (que más tarde sería conocido como «Exterminador de los pames [indios] de Querétaro») en las guerras indias dentro del Seno México, para explorar y colonizar esta región. La tarea se acometió enérgicamente, como señaló Weddle: «Escandón abordó el problema de la exploración y colonización como si se tratara de una campaña militar. Su plan consistía en penetrar en la zona desde siete puntos diferentes al mismo tiempo, convergiendo todas las expediciones en la desembocadura del río Grande».[23] Escandón procedió con su tarea enérgicamente y con poca paciencia para cualquiera que impidiera la realización del plan. Cuando uno de los siete contingentes no se reunió en el momento oportuno, Escandón destituyó a su comandante señalando que otro había realizado un viaje similar, se había enfrentado a dificultades parecidas pero había conseguido cumplir su misión.

La expedición de Escandón fue tan exitosa como lo había sido la de Aguayo veintiséis años antes. La diferencia es que, mientras los éxitos de Aguayo fueron para los franciscanos, los de Escandón fueron políticos y financieros. El enorme territorio reclamado por Escandón, desde Tampico hasta el río San Antonio en el centro-sur de Texas, fue denominado Nuevo Santander, en honor a la ciudad de la que él mismo era originario en España. Fue durante su cartografía de esta zona cuando Escandón propuso la idea de trasladar la misión y el presidio de La Bahía a su emplazamiento actual a lo

23 *Ibid.* 222.

largo de la cuenca del río San Antonio (aunque al menos un historiador ha sugerido que el traslado se hizo a petición de los misioneros). Después de presentar el plan al Gobierno, se tomó la decisión de aceptar la propuesta de Escandón y en 1749 se restableció la misión a lo largo del lado norte del río San Antonio, y el presidio a lo largo del sur, aproximadamente a dos kilómetros de distancia. Los nuevos emplazamientos debían atender a los indios piquicanes, tamiques, taranames y manos de perros, tribus indígenas dispersas, pertenecientes en su conjunto al grupo coahuilteco o pakawa.

También en 1749 el Presidio de La Bahía nombró un nuevo comandante, Manuel Ramírez de la Piscina. Ramírez mantuvo la administración del presidio durante diecisiete años, hasta su muerte en 1767. Durante su mandato, así como durante los siguientes, La Bahía fue asediada en varias ocasiones por comanches y apaches. El pequeño contingente de escoltas del presidio tuvo muchas dificultades para impedir las incursiones, normalmente nocturnas. De hecho, los protectores de la región solían perseguir solo vestigios de los ataques horas más tarde; un contrataque exitoso se evidenciaba cuando los soldados podían recordar algunos de los caballos, ovejas o ganado que habían sido tomados durante la noche.

Debido a los conflictos internos de los nativos (aquellos a los que los franciscanos estaban ministrando, los tonkawa, aranama y tamique, eran hostiles a los comanches y apaches, los comanches eran hostiles a los apaches, etc.), Ramírez ideó construir otra misión lo suficientemente cerca del Presidio de Loreto y de la misión del Espíritu Santo que los escoltas pudieran proteger, pero lo suficientemente alejada para que los religiosos pudieran atender las necesidades espirituales de las tribus karankawa sin que estallaran las hostilidades. La solución encontrada fue la *misión de Nuestra Señora del Rosario,* situada a unas dos leguas (menos de ocho kilómetros) de las dos estructuras existentes. Las tres, pues, se incorporarían al nombre de La Bahía.

Ruinas de la misión rosario. *Imagen cortesía de autor.*

El padre Juan de Dios María Cameros, procedente del colegio de Zacatecas, fue puesto al frente de la nueva misión en noviembre de 1754. Relativamente alejada de las otras dos construcciones, Rosario nunca gozó del mismo éxito espiritual que su misión hermana, las de los alrededores de San Antonio o incluso El Paso. Los karankawa solo se interesaban por las lecciones de los religiosos cuando disponían de una fuente de alimento. La mayoría de las veces, estos indios bravos regresaban a los bosques y a las zonas costeras cuando no se alimentaban en la misión y volvían a sus costumbres nativas. Como se desprende de los registros conservados, en los cuatro primeros años, el número de bautismos en la nueva misión seguía siendo bajo, de dos dígitos. Sin embargo, aunque los indios no se congregaron en La Bahía en el número que los franciscanos deseaban, hubo suficiente progreso para sostener las misiones en esa región durante varios años.

Entre 1767 y 1768, el padre Gaspar José de Solís, del colegio de Zacatecas, realizó una gira de inspección por muchas de las misiones situadas al norte del río Grande del Norte. Mientras visitaba la misión de Nuestra Santísima de Rosario (otro nombre de Rosario), Solís escribió en su diario:

«Iglesia muy decente y de buena madera revocada con lodo por adentro, encalada y techada con buenas vigas y tejamanil que parece artesón muy aseado, y limpio su adorno: vasos sagrados, aseo, ornamentos y utensilios, púlpito confesionario y altares, y todas las cosas pertenecientes al culto divino: está todo muy bien en su lugar, en debida forma y disposición. Su pila bautismal con su concha de plata, ampolletas para los santos, óleos de plata también.

[...] Fr. José Escobar trabaja mucho para sus adelantamientos, creces y aumentos. Se porta con los indios con mucho amor, caridad y blandura; con modo suave, blando halagüeño, los hace trabajar, los enseña a rezar, los procura catequizar en instruir en la política y en los rudimentos de nuestra Santa Fe: asiste y socorre, como puede, en todas sus necesidades, corporales y espirituales, dándoles qué comer y qué vestir; sobre tarde, antes de la oración de la noche, al toque de la campana, los junta a todos, chicos y grandes, en el cementerio, les hace rezar las oraciones y la doctrina cristiana, explica y procura instruirlos en los misterios de nuestra Santa Fe exhortándolos a la guarda de los Mandamientos de Dios y de nuestra Santa Madre Iglesia, enseñándoles las cosas necesarias para la salvación... ».[24]

Sin embargo, en lo que respecta a la población indígena de los misioneros, Solís no quedó tan impresionado:

«Son todos bárbaros, dados al ocio, flojos, desidiosos y, aunque son muy golosos y tragones, que comen la carne casi cruda, soasada o sancochada y escurriendo sangre, quienes más padecen hambres, desnudeces y desabrigos (lo que no padecen estando en la misión, pues el

---

24 De Solís, Gaspar José. *Diario del padre fray Gaspar José de Solís en su visita a las misiones de Texas 1768*. Documentación Histórica Mexicana, 7. Guadalajara, Jal. 1981. 45.

adre en todo les acude, en comer y vestir y otras necesidades e incomodidades), por estar en los montes o en la playa, a su libertad y ociosos, dándose a todo género de vicios, especialmente al de la lujuria: hurtos, latrocinios y bailes lo abundan todo.

Son muy dados a los bailes, que llaman mitotes, de los cuales, para ellos, unos son festivos y alegres, y otros funestos y tristes, distinguiéndose unos de otros en los instrumentos que tocan para ellos. En los festivos, tocan un tamborito [sic] que hacen, o con una concha tortuga, o con medio guaje, o con una olla francesa, y un pito de carrizo y un atacaste. Los tristes, con unos instrumentos que llaman Caimán, muy desapacible y melancólico, todos con desacompasados [sic], tristes y horrorosos gritos, acompañados de gestos, visajes y meneos extraordinarios, saltando y brincando en círculo; para el cual mitote encienden una lumbrada u hoguera grande y bailan alrededor, rodeando la hoguera sin cesar de día y de noche… y los indios, en los bailes, parecen demonios por los gestos que hacen… ».[25]

El padre Solís prosigue, grave pero sinceramente, sobre las costumbres de estas tribus después de haberse hecho la guerra unas a otras. Escribe que las víctimas procuradas por los indios son primero atadas a una estaca en el suelo, y que «con cuchillos bien afilados en las manos, bailando y brincando, llegan al paciente y le cortan un pedazo del cuerpo, llegan al fuego, lo medio asan y, a vista del paciente, se lo comen con gran ansia, y así lo van despedazando y descuartizando hasta que lo desearan y muere; le quitan el cabello con casco y todo, lo ponen en un palo para traerlo en el baile con triunfo; los huesos no los tiran, sino que los reparten entre ellos y al que le toca, lo andan chupando hasta que así se lo acaban. Lo mismo hacen con los religiosos y españoles, si cogen alguno. A otros los cuelgan de los pies y bajo de ellos ponen fuego, y así se van asando y se los comen».[26]

Solís continúa la sangrienta historia, pero es tan desagradable como la anterior. Cuando el padre Solís abandonó Rosario, se dirigió a

25 *Ibid.* 46.
26 *Ibid.* 48.

la otra misión y presidio de la zona. Entró en la misión Bahía del Espíritu Santo el 6 de marzo de 1768 y para el día 11 ya se había informado del estado de las tres estructuras. De Espíritu Santo y de Loreto, Solís escribió:

> «Está esta misión mejor que la antecedente del Santísimo Rosario, la que está situada a la orilla de río de San Antonio de Béjar, caudaloso como tengo dicho y sus márgenes amenas y frondosas, con mucho pescado, a vista del Real Presidio, que no media más que el río que se pasa en canoa, menos la iglesia, que es más pequeña que la del Rosario, pero competente».[27]

El padre Solís abandona la región de Goliad en marzo de 1768 y se dirige hacia el oeste, hacia los campos más verdes de las misiones y el presidio de San Antonio. Las encontró florecientes y, de hecho, esas misiones se convertirían en el patrón por el que se calificarían las demás misiones de Texas. Sin embargo, en cuarenta años, la misión de Rosario había registrado 200 bautismos. Teniendo en cuenta la dificultad del trabajo, esta cifra parece impresionante. De Espíritu Santo, ese mismo rito sagrado, abarcando el mismo periodo de tiempo, contabilizó una cifra de 620 y también logró 278 entierros cristianos. De estas cifras, sin embargo, siempre hay incertidumbre. Como señaló McCaleb, «muchos de los datos sobre las misiones son de carácter incierto. Toma eso de Rosario, donde las cifras sobre bautismos, etc., están en total conflicto».[28] Este escritor también ha encontrado muchas discrepancias similares, no solo entre las cifras mencionadas, sino en lo que se refiere a fechas, número de personal y qué colegio mexicano estaba a cargo de qué misiones.

27 *Ibid.* 50.
28 Walter F. McCaleb, *Spanish Missions of Texas*, 88.

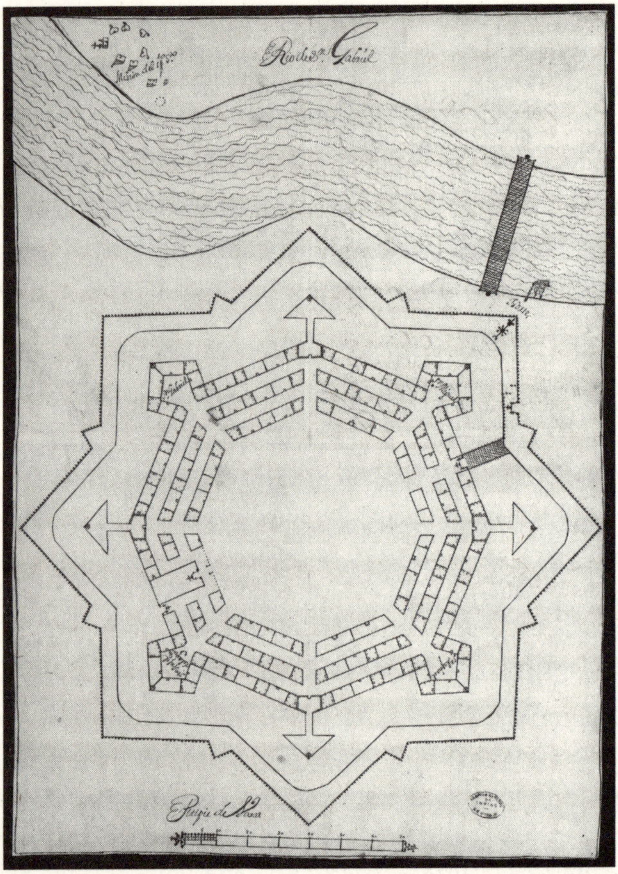

España. Ministerio de Cultura. Plan de presidio de NS de Loreto en bahía del espíritu santo. *Archivo General de Indias: MP Mexico 115.*

Al final, todas las estructuras españolas de La Bahía empezaron a deteriorarse. Aunque la región tuvo un enorme éxito en la creación de grandes rebaños de ganado, muchos factores acabaron provocando el declive de las misiones. El primero y más importante fue la reticencia de las tribus nativas a congregarse en las misiones y aceptar la instrucción que ofrecían los franciscanos. La idea de establecerse en un área tan confinada era un modelo europeo que el indio de Texas a menudo encontraba alienante y absurdo. En segundo lugar, la administración del trabajo de los misioneros se llevaba a cabo a cientos de kilómetros de distancia, en México, por autoridades que no conocían realmente la situación en la *tierra adentro.* Se tomaron decisiones que a menudo tuvieron resultados perjudiciales o simplemente fueron cortas de miras. En última instancia, sin embargo, fue la secularización de las misiones lo que las derrotó. Tras la decisión del Gobierno de entregar las tierras y los edificios a la población local y al clero (el decreto de secularización del 10 de abril de 1794), los franciscanos vieron usurpada su autoridad y sus cargos fueron devueltos a sus respectivos colegios. Como observó Quirarte:

> «Tras la expulsión de los jesuitas de América por el rey [Carlos II], las misiones de la Pimería Alta (el estado mexicano de Sonora y el sur de Arizona) fueron entregadas a los franciscanos del colegio de la Santa Cruz de Querétaro. Esto obligó a los queretanos a retirarse del campo misionero de Texas para cumplir con sus nuevas responsabilidades. Por lo tanto, solicitaron y se les concedió permiso para abandonar sus misiones en Texas. En 1772 las misiones fueron entregadas a los misioneros zacarecanos, quienes las administraron durante el resto de su estancia en Texas».[29]

Las misiones se deterioraron tras su marcha. De hecho, el siglo XIX fue testigo de una inmigración anglosajona cada vez mayor, lo que, unido a la inestable situación política entre México y España en el mismo siglo, prácticamente aseguró la desaparición de la labor de los franciscanos. México se independizó de España en 1821, pero los frailes siguieron conservando La Bahía hasta 1830, cuando Rosario, Espíritu Santo y la misión de Refugio, a unas diez leguas al sur de Espíritu Santo, fueron formalmente secularizadas. Como ha ocurrido en todo el mundo, cuando se retira el cuidado formal de un sitio antiguo, los lugareños encuentran un mejor uso para los materiales de las estructuras. Gran parte de la piedra, la argamasa y el hierro utilizados en las misiones y el presidio fueron reutilizados por los residentes para construir casas, corrales y vallas.

---

29 Jacinto Quirarte, *The Art and Architecture of the Texas Missions.* (Austin: University of Texas Press, 2002), 25.

El presidio de Goliad en 1836, entonces en ruinas en su mayor parte (salvo la iglesia), fue el lugar de un momento crucial en la guerra de Texas por la independencia de México. En la capilla se produjo la rendición del coronel James Fannin y su infame ejecución a manos del ejército de Santa Anna. Rebautizado como *Fort Defiance* por Fannin, él y más de 400 de sus hombres se rindieron al general mexicano Urrea el 20 de marzo, casi seis semanas después de tomar la defensa del presidio y dos semanas después de la caída de El Álamo. Aunque en un principio se les garantizó la seguridad, los hombres de Fannin fueron echados de la iglesia el Domingo de Ramos, 27 de marzo de 1836, y ejecutados sumariamente. Fannin fue asesinado en último lugar, tras haber sido obligado a presenciar la masacre de sus hombres. Herido e incapaz de mantenerse en pie, Fannin fue fusilado, estando sentado, directamente frente a las puertas de la capilla. Resulta irónico que el asesinato de Fannin y sus hombres, junto con la derrota en El Álamo, fuera la espuela que impulsó a muchos tejanos a aumentar el ejército de Sam Houston y, en última instancia, a la victoria en la batalla de San Jacinto, donde el ejército de Santa Anna fue derrotado. El monumento situado al sureste del presidio señala el lugar de descanso de Fannin y sus hombres. Durante las siguientes décadas, el presidio fue también refugio de otros aventureros que intentaron utilizar los restos del antiguo fuerte como protección y recurso para sus propias tramas militaristas.

Fachada del presidio de la bahía. *Imagen cortesía de autor.*

La capilla fue casi todo lo que quedó del presidio durante varios años, y fue el núcleo a partir del cual se llevó a cabo la reconstrucción mucho tiempo después. Su reconstrucción se inició a principios del siglo XX y continuó hasta bien entrada la década de 1940.

Es interesante observar que gran parte de la piedra utilizada para reemplazar los muros del presidio (extraída de las zonas ribereñas del río cercano) se retiró de la ruinosa misión del Rosario. Basta con visitar el presidio para darse cuenta de que la cantidad de piedra transportada de uno a otro debió de ser enorme. El muro que rodea el presidio, de unos 18,5 metros cuadrados, está remendado con la piedra de la misión. Cuando los arqueólogos se quejaron de que la retirada de la piedra obstaculizaba su trabajo en Rosario, el estado descargó miles de libras de roca de sustitución cerca del emplazamiento de Rosario, evidentemente considerando que una roca es tan buena como otra. Aún puede verse: es la roca que hay junto a la carretera cuando se pasa por delante de la antigua misión. Actualmente, el condado y el estado están decidiendo qué hacer con Rosario. Por el momento, la idea es construir un mirador, una especie de patio panorámico desde el que el público pueda contemplar el yacimiento desde una distancia segura. A partir de 2017 los estudios arqueológicos se suspendieron durante un tiempo. A partir de 2024, el único trabajo real realizado ha sido en el altar del interior de la capilla.

La misión de La Bahía, a su vez, se convirtió primero en un colegio femenino y después en otra institución de enseñanza superior llamada Aranama College. Esta escuela permaneció en uso desde 1852 hasta el comienzo de la guerra civil americana, cuando, como se dice en varias fuentes, todo el alumnado se alistó en el ejército confederado. La estructura se mantuvo en pie durante un tiempo, hasta que fue dañada por un huracán a finales de siglo. Poco después, un incendio destruyó lo que quedaba de la obra del fraile. El cuidado o mantenimiento del edificio no llegó hasta principios de la década de 1930, cuando el condado de Goliad decidió preservar la zona como parque estatal. A continuación, entre 1933 y 1941, el CCC (Cuerpo Civil de Conservación), con la orientación de la

Universidad de Texas y el Servicio Nacional de Parques, inició una reconstrucción completa de la misión en su antiguo emplazamiento, devolviéndole el aspecto que historiadores y arqueólogos consideraban que había tenido antes.

En cuanto a la ubicación de los emplazamientos originales de la misión y el presidio, cerca del arroyo Gracitas, donde La Salle había comenzado su colonia, los esfuerzos arqueológicos, que comenzaron en la década de 1960 y continuaron hasta principios de la década de 1980, han encontrado restos tanto de la ocupación española como de la francesa. Tal vez conviene que las evidencias de La Salle y de fray Massanet se encuentren juntas dentro de la misma zona, mientras que las de los nativos americanos (que ambas partes trataron de abrazar, aunque por razones dispares) se encuentran más a menudo fuera de esos límites.

CAPÍTULO 3
LAS MISIONES Y PRESIDIOS DEL EXTREMO OESTE DE TEXAS Y SUS ORÍGENES EN EL ESTADO DE NUEVO MÉXICO

La obra de los franciscanos, además de las misiones y presidios resultantes en el oeste de Texas, tienen su origen en la Revuelta del Pueblo de Nuevo México de 1680. En aquella época, un líder indio religioso, Po'pay (Popé) y sus confederados tiguanos, urdieron una rebelión casi brillante y expulsaron a los españoles unos cientos de kilómetros hacia el este. Los españoles, un variopinto surtido de soldados, familias, religiosos, esclavos y ganado, terminaron su retirada en el río Grande, cerca de lo que hoy es El Paso, Texas. Y, fue desde El Paso desde donde Antonio de Otermín, gobernador del territorio de Nuevo México en aquella época, escenificaría la reconquista española de esa misma zona doce años más tarde. Pero la rebelión había demostrado una brutalidad y una rabia muy severas, del tipo que solo puede surgir de una ira reprimida durante mucho tiempo y de una humildad soportada. De emociones tan crudas y heridas nadie puede nunca recuperarse del todo ni convencerse de su equivocación al arremeter. En cierto modo, los habitantes de Nuevo México, al igual que algunas regiones del propio México, nunca han aceptado del todo su occidentalización; en algunas zonas, las antiguas costumbres tradicionales coexisten con las de los franciscanos. Y, en cierto modo, los españoles fueron (y, de alguna manera, siguen siendo) culpables de sus propios daños.

Desde la conquista de Cortés en adelante, aquellas tribus indígenas a las que los españoles intentaron someter se esforzaron continua y repetidamente por recuperar sus formas de vida y tradiciones anteriores. Una vez logrado el sometimiento en el interior de México, los españoles se expandieron hacia el norte. A menudo, los nativos trabajaron con los soldados españoles en la construcción de las misiones, presidios y otras estructuras para el nuevo Gobierno colonial. Y con mucha frecuencia, los nativos colocaban iconos de su culto incrustados entre los azulejos y el caliche que formaban estos nuevos edificios para poder venerar lo antiguo junto a lo nuevo. Otras veces, los indígenas ocultaban sus ídolos en sus casas o cuevas y seguían adorándolos de manera subrepticia, a veces inmediatamente después de recibir el catecismo.

En las regiones que se convertirían en Texas, los nativos no estaban naturalmente inclinados a vivir dentro de los muros de las misiones, y aceptaban las ofrendas de los franciscanos solo a regañadientes y con poca frecuencia. En la zona de lo que hoy es Nuevo México, el pueblo era similar a la ciudad europea, sin embargo, en los espacios singulares de vivienda y tierras de cultivo era más o menos donde terminaban las similitudes. Mientras que los nativos de Luisiana y Texas se desplazaban dentro y fuera de las misiones, adhiriéndose a los ideales y mandatos religiosos y volviendo después a sus bosques y antiguas costumbres, los indios de Nuevo México permanecían estacionarios dentro del pueblo, desplazándose únicamente entre el hogar y la misión. Succionar ídolos dentro de sus estufas (las viviendas donde los nativos celebraban sus ceremonias religiosas) era una práctica más difícil de ocultar cuando estos templos eran elementos permanentes de la comunidad. Por supuesto, los religiosos españoles no permitían nada de eso y castigaban con frecuencia a quienes seguían adorando a los antiguos dioses y, en ocasiones, estos castigos eran corporales y severos.

Los españoles, como ya se ha dicho, habían descubierto estos asentamientos en el siglo XVI. Cabeza de Vaca había vagado lo bastante cerca como para que le hablaran de estas ciudades. Coronado había tenido una experiencia muy real allí mientras vencía y reprimía a la población indígena, lo que resultó, finalmente, en la sangrienta guerra de Tiguex de 1540-41. Antonio de Espejo, con el padre Beltrán, había viajado por Nuevo México en 1582-83, aparentemente para buscar a dos franciscanos que habían insistido en quedarse en la región desde una expedición anterior. Sin embargo, el objetivo real de Espejo era encontrar tierras para su empresa ganadera y había utilizado el tema de la búsqueda y rescate como una forma de conseguir la sanción oficial y financiación para su entrada. Los dos religiosos, por cierto, fueron encontrados y martirizados por las tribus nativas a las que servían. Más de un siglo después, Peñalosa había probado suerte en el mantenimiento de la región de Nuevo México y fracasó con suficiente brillantez como para atraer la reprimenda y la acusación de la Inquisición. Pero aunque Peñalosa había sido la gota que colmó el vaso, los puéblanos habían sufrido mucho más directamente después de Coronado. Juan de Oñate y Salazar, hijo de un rico propietario de minas de plata y encomendero, dirigiría una fatídica expedición a finales del siglo XVI que ilustraría a los nativos de Nuevo México la percepción que tenían de ellos los españoles.

Juan de Oñate era un español de nuevo cuño. Nació en el Nuevo Mundo, en Zacatecas, hacia 1550. Desde muy pronto, participó en la conquista de las tierras situadas bajo el río Grande y se casó con Isabel de Tolosa Cortés Moctezuma, descendiente del conquistador y gobernante azteca. Sin duda, su visión de la región era muy distinta a la de quienes la habían visitado antes. Pasó los primeros años de su vida adulta sometiendo a los indios del norte de México, buscando minas de plata y ayudando a los religiosos a establecer misiones. Como tal, Oñate seguramente veía la zona y sus recursos como su derecho de nacimiento.

Fachada de la misión de ysleta hacia 1890. *Departamento de colecciones especiales de la biblioteca de la universidad de texas en el paso, papeles de Cleofas Calleros*.

En septiembre de 1595, el rey Felipe II de España otorgó a Oñate un contrato para colonizar el territorio de Santa Fe de Nuevo México, una extensión de tierra que se extendía desde el centro norte de México hasta el actual Nuevo México, pasando por el oeste de Texas. En Madrid se creía que esta región contenía riquezas a la altura de las descubiertas por Cortés. (Pasaría algún tiempo antes de que los españoles se dieran cuenta de que la zona era realmente un secarral). La corona esperaba que este asentamiento ayudara a curar la herida infligida por los ingleses en la derrota de la Armada española en 1588. En consecuencia, se esperaba que esta entrada fuera inmensa. Y, puesto que el jefe de la expedición iba a sufragar él mismo gran parte del coste, Oñate, con su famoso padre rico, fue elegido para supervisar la empresa.

La expedición salió de México en enero de 1598 con 400 soldados (130 de los cuales tenían familias que acompañaron la entrada), varios cientos de nativos mexicanos y miles de cabezas de ganado. Remontaron el río Conchos, con el río a su derecha, y luego, según la historia, Oñate viró a la izquierda a través de las dunas de Chihuahua hacia un nuevo paso sobre el río Grande, al que llamó El Paso del Río del Norte. La compañía llegó al río en abril y lo cruzó a principios de mayo, cuando Oñate reclamó para España todas las tierras al norte del río. En julio, Oñate ya se había adentrado en la zona y había establecido el primer asentamiento europeo en Nuevo México, un antiguo pueblo llamado Ohkay Owingeh, ahora rebautizado como San Juan de los Caballeros.

El propósito declarado de esta expedición era difundir el catolicismo romano entre las tribus indígenas. Para ello, diez franciscanos se unieron al grupo y se construyeron misiones, incluida una en San Juan. Sin embargo, muchos del grupo de Oñate esperaban las mismas riquezas que el Gobierno español y poco les importaban los motivos de los franciscanos. Se llevaron una decepción. La tierra no era ni de lejos tan fértil como la del centro de México, pero los nativos se mostraron igual de hostiles. Cuando la riqueza no se materializó con la suficiente rapidez, muchos expedicionarios se volvieron hoscos, algunos disintieron y otros desertaron. Sin embargo, el resultado, según la mayoría de los historiadores, era el mismo: Oñate gobernaba con puño de hierro.

Al año siguiente, Oñate trasladó su sede capitalina más al norte, a San Gabriel de Yunque-Ouinge. Esta colonia, al igual que San Juan, estaba compuesta por una guarnición militar, casas nuevas y una iglesia. Desde aquí Oñate dividió a sus soldados en contingentes más pequeños y estos exploraron simultáneamente aquellos territorios situados al este y al oeste de San Gabriel. Oñate, como primer gobernador europeo de la zona, debía establecer encomiendas en toda esta nueva provincia. Así lo hizo, mientras exploraba la región, comunicando a todos los jefes de los respectivos pueblos, a través de traductores, que ahora eran súbditos españoles y debían un tributo anual. Los franciscanos ya sabían que esas tácticas de mano dura no caerían bien entre la población indígena; sabían que si algún pueblo no podía pagar con dinero o bienes, los españoles traducirían ese tributo en trabajos forzados. En su lugar, los religiosos optaron por una política fiscal más equitativa, la del décimo, por la que tanto los colonos españoles como los nativos pagaban solo una décima parte de sus cosechas para socorrer a las misiones y a las iglesias regionales. Pero el nuevo gobernador tenía sus órdenes y procedió como antes. Este sistema feudal, unido a lo que ya eran los abusos habituales, iba a tener consecuencias nefastas para las nuevas colonias y para Oñate.

Al establecerse en San Gabriel, Oñate había nombrado a su sobrino, Juan de Zaldívar, maestre de campo. Zaldívar, en diciembre de 1598, dirigiría un pequeño contingente de soldados en una de las numerosas expediciones de reconocimiento de Oñate, una que llevaría al equipo al pueblo de Acoma, la «Ciudad del Cielo». [*Pueblo* en inglés significa, geológicamente, *mesa*, y en español antiguo —*peñolo*—, *peñón*]. Algunos han escrito que las órdenes de Zaldívar eran recoger como propios los alimentos almacenados por los acoma. El hecho de que el pueblo necesitara ese recurso para el invierno parecía importarles poco a los españoles. El jefe acoma, Zutacapán, había comprendido que los españoles venían a derrocarlo a él y a su pueblo, a tomar sus alimentos, recursos y costumbres por la fuerza, como Coronado había intentado antes. Esta vez, los indios decidieron resistir.

Al llegar a Acoma, un pequeño grupo de dieciséis soldados, incluido el joven Zaldívar, subió los 110 metros hasta la cima de la meseta para exigir los recursos de los nativos, mientras el cuerpo principal de soldados esperaba abajo con los suministros y los caballos. Los relatos de lo que ocurrió a continuación varían. Según algunos, los nativos se negaron en redondo a ayudarles, lo que enardeció a los españoles; según otros, mientras esperaban, los soldados se dejaron llevar por sus pensamientos licenciosos y empezaron a abusar de las mujeres; según otro relato, Zutacapán simplemente les estaba esperando para tenderles una emboscada. En cualquier caso, Zaldívar y diez de sus hombres fueron emboscados y asesinados por los acoma; los soldados que esperaban abajo se dieron cuenta de la situación cuando primero oyeron disparos y luego vieron los cuerpos de un par de compañeros cayendo hacia ellos desde la mesa de arriba. Un momento después, esos mismos soldados vieron cómo más amigos suyos saltaban desde la cima de la mesa como única forma de ponerse a salvo; algunos aterrizaron de tal forma que solo sufrieron fracturas en los huesos, mientras que otros quedaron hechos pedazos. Los supervivientes regresaron a Oñate.

Cuando el gobernador se enteró de la noticia, se enfureció. No solo habían muerto once de sus hombres, sino que uno de ellos era su sobrino. Oñate ordenó al hermano de Zaldívar, Vicente de Zaldívar, que dirigiera la fuerza contra el pueblo acoma. Vicente, con setenta hombres y unos cañones, fue en busca de venganza.

Fachada de corpus christi-ysleta. *Imagen cortesía de autor.*

Zaldívar, llegó a Acoma el 21 de enero de 1599. Los informes indican que la lucha fue de ida y vuelta durante dos días completos; los arcabuces españoles fueron menos eficaces debido a las defensas naturales. Sin embargo, al tercer día, Zaldívar sacó los cañones pequeños y procedió a abrirse paso hacia la meseta. Una vez abierta la brecha, el pueblo fue invadido. La principal defensa de los indios había sido el terreno, y ahora, con esa ventaja perdida, comenzó la conocida como *Masacre de Acoma*. El cañón español no solo desgarró la carne, sino también los edificios, incendiando paredes y tejados. Pronto, gran parte de la mesa estaba en llamas. De los 2000 guerreros, 500 murieron. Además, los españoles mataron a unas 300 mujeres y niños, y se llevaron a otros 500 como esclavos. Sin embargo, ni siquiera esto disminuyó la sed de sangre de Oñate. Ordenó que a todos los varones mayores de veinticinco años se les amputara el pie derecho (aunque en su propio diario, Oñate escribe que fueron «las puntas del pie». Los historiadores pueden estar de acuerdo, ya que la amputación de todo el pie dejaría al individuo casi sin valor como esclavo). También ordenó que los varones de entre doce y veinticinco años fueran esclavizados y sirvieran durante veinte años, presumiblemente en las minas de plata de Coahuila. Muchas de las mujeres y niños fueron repartidos a familias, iglesias y conventos de México como esclavos. Al final, solo veinticuatro jóvenes sufrieron estas atrocidades.

De hecho, esta salvaje historia ha perdurado durante los siglos XX y XXI. En enero de 1998, cuando Nuevo México iba a celebrar el 400 aniversario de los primeros asentamientos españoles, se dedicó una estatua de Oñate de tres metros de altura en Alcalde, Nuevo México. Una mañana temprano, los obreros se dieron cuenta de que el pie derecho (bota, estribo y espuela) había sido serrados. Los indios del pueblo de Acoma se atribuyeron el mérito de la destrucción o, como ellos consideraban el acto, una venganza. Más recientemente, en 2020, la estatua de Oñate fue retirada por completo de su pedestal en Alcalde tras las protestas a nivel nacional, no solo sobre la colonización, sino también sobre la guerra civil americana. Sin embargo, cuando la estatua fue programada de nuevo para ser reinstalada en Española el 28 de septiembre de 2023, las protestas estallaron de nuevo en la ciudad y detuvieron la sustitución de la estatua de Oñate. Al día siguiente, los manifestantes llegaron a la zona donde se iba a colocar la estatua para celebrar su victoria. Durante estas celebraciones, un joven corrió entre la multitud, sacó una pistola y disparó a uno de los manifestantes antes de huir. Aún no está claro el motivo del disparo, aunque de los recientes datos del juicio se desprende que el tirador era partidario de opiniones políticas de extrema derecha y estaba molesto porque no se iba a sustituir la estatua de Oñate.[30] Además, en esta región de Estados Unidos siempre han existido hostilidades latentes entre quienes se remontan a los primeros exploradores españoles y las poblaciones indígenas.

Cuando las noticias de la masacre de Acoma llegaron al rey Felipe III, este se horrorizó y Oñate fue severamente reprendido poco después. Oñate fue desterrado de Nuevo México para siempre y de México por un periodo de cuatro años. También debía presentarse en España para responder de los cargos que se le imputaban. Sin embargo, Oñate, en 1607, renunció a su cargo de gobernador antes de que le llegaran las noticias de Madrid. Oñate estaba evidentemente cansado de sus propios problemas, tanto políticos como financieros, y de las constantes quejas de los ciudadanos españoles. Finalmente regresó a España y murió allí un cuarto de siglo después. Con su salida, Nuevo México respiró aliviado y, durante las siguientes décadas, españoles, franciscanos e indios disfrutaron de una relativa calma. Sin embargo, la tormenta solo se había retirado, no se había disipado.

Altar misión de ysleta años 20. *Departamento de colecciones especiales de la biblioteca de la universidad de texas en el paso, papeles de Cleofas Calleros.*

30 Fisher, Austin. *Oñate statue shooter to remain in jail until trial.* Disponible en https://sourcenm.com/2023/10/14/onate-statue-shooter-to-remain-in-jail-until-trial/. Consultado el 26/07/24.

Durante las ocho décadas siguientes, los franciscanos intentaron por todos los medios establecer relaciones beneficiosas con los indios de Nuevo México. Sin embargo, las relaciones forjadas entre los colonos españoles con los nativos eran una historia muy diferente. El sistema de encomienda mantenía que el gobernador de la provincia podía conceder títulos y tierras a ciertos españoles (aquellos que habían mantenido la posesión de sus tierras durante un mínimo de cinco años —para muchos, un periodo demasiado largo para mantenerlas—), pero esa concesión no solo ofrecía tierras, tributos y recursos al poseedor, sino que también le obligaba a prestar ayuda a los franciscanos, tanto material como marcial, dentro de sus zonas. Dado que estos encomenderos solían servirse de la mano de obra y los recursos de la población indígena, los religiosos actuaban a menudo como mediadores entre los colonos españoles y sus neófitos cuando estos tenían quejas.

El intervalo entre el de Oñate y la Revuelta de los Pueblos de 1680 fue relativamente inactivo, aunque solo desde el plácido asiento de la distancia. Debido a que la mayoría de los registros españoles del intervalo de 1600 a 1680 se perdieron o fueron destruidos a causa de la magnitud de la revuelta, poca documentación nos queda hoy en día. Sin embargo, lo que queda es notable: el *Memorial* del padre Alonso de Benavides, el *custos* [«guardián», en latín] de los franciscanos en Nuevo México de 1626-1629. Este documento es rico en información sobre los años que transcurrieron entre Oñate y Po'pay. El relato incluye descripciones detalladas de las numerosas tribus de nativos y de los esfuerzos de los franciscanos por convertirlos. Además, el escrito de Benavides incluye descripciones claras de la geología y de la fauna y flora de Nuevo México, e incluso un reconocimiento de la presencia de María de Jesús de Ágreda entre los nativos xumanas (jumanos). De hecho, Benavides quedó tan cautivado por los relatos de los jumanos sobre la aparición de la Dama de Azul que, a su regreso a España, buscó a sor Ágreda para confirmar lo que los nativos le habían contado. Pero Benavides no siempre había encontrado nativos tan agradables a lo largo de su viaje a Nuevo México.

Altar misión de Ysleta hacia 1860. *Departamento de colecciones especiales de la biblioteca de la Universidad de Texas en El Paso.*

El padre Benavides había viajado a Nuevo México a lo largo del Camino Real, ese escarpado sendero ahora allanado por exploradores anteriores, como Espejo y Oñate, que se extiende desde Ciudad de México hasta Santa Fe. Sobre su encuentro con las tribus que encontró más cerca de El Paso del Norte, Benavides escribió: «Auemos [hemos] procurado todo lo posible convertir y pacificar estas naciones, así por el bien de las almas, como por la seguridad del camino, y es tanta su barbaridad que ni aun se dexan [dejan] hablar».[31] Sin embargo, una actitud anquilosada no disuadiría a alguien como Benavides. Era, literalmente, un hombre en misión, y sus pensamientos iban mucho más allá de las primeras impresiones. Como buen diplomático, Benavides también era muy consciente de la política con la que los franciscanos tenían que lidiar para conseguir los recursos que necesitaban para seguir salvando almas. A

31 Benavides, Fr. Alonso de. *The Memorial of Fray Alonso de Benavides, 1630.* Disponible en https://azmemory.azlibrary.gov/nodes/view/309218, 88 (131). Consultado el 27/07/24

estas alturas, en la breve historia de los intentos de los religiosos por atemperar tanto a las tribus indígenas como a las de los soldados y colonos, había quedado claro que los franciscanos necesitaban persuadir por igual a burócratas y bárbaros si querían tener éxito. Massanet, Hidalgo y Margil habían comprendido la importancia de la política en sus respectivas operaciones. Benavides también dejó claro en su informe que sabía lo que Madrid necesitaba oír. Al escribir sobre el territorio de Nuevo México, Benavides informó:

> «Porque toda ella [tierra] está llena de muy grandes tesoros de minas muy ricas, y prósperas, de plata, y oro, [...] en particular el cerro del pueblo de Socorro, principal y cabeça de la Provincia de los Piros, que todo él es de minerales muy prósperos, que corre de Norte a Sur más de cincuenta leguas; y por falta de quien lo entienda, y gaste en su beneficio, no se goza de las mayores riquezas del mando, y V. M. [virrey mexicano] pierde sus Reales quintos. La facilidad de sacar la plata desde cerro es la mayor y mejor de todas las Indias».[32]

Consciente de que estos comentarios atraerían la atención real, Benavides hace todo lo posible por vincular los objetivos de su misión religiosa con los del Gobierno español. Aunque la salud espiritual de los indios es lo que principalmente buscaban los religiosos, el padre Benavides no es tan engreído o ingenuo como para fingir que ignoraba la realidad de que los funcionarios de México y Madrid buscaban más la riqueza que la salvación. Hizo todo lo posible por convencer a sus superiores de la gran oferta de lo primero para poder dedicarse a su labor de lo segundo.

> «Y, aunque es verdad que los principios de las conversiones seria aumentar los Indios con el trabajo de las minas, con todo siento que administrándolas personas de moderada codicia que tratassen bien a los Indios y les pagassen su trabajo, que no solo no los aumentarían,

32 *Ibid.* 97 (140).

sino que los acariciarían por este camino, y se reducirían a nuestro trato y comunicación».[33]

Más adelante, con la habilidad de un antiguo orador romano, Benavides combina con tacto las perspectivas tanto de la Iglesia como del Gobierno. Consciente del hecho de que la persuasión avanza más fácilmente sobre ruedas bien engrasadas con halagos, concluye la parte de su carta en la que hace un llamamiento, declarando:

> «Aunque aquí clara y evidentemente sé que Dios es autor, y primer móvil, de que le damos infinitas gracias; se las devemos [debemos] también a V. M., pues sin sus Reales auxilias no pudiéramos costear tantos gastos, y que deve V. M. gloriarse mucho de ser causa de toda esta mundança, y que goza de todo el merecimiento de aquellas conversiones adōde [adonde] sacamos tanta milla radas de almas de las uñas del demonio, cosa que sin milagro no pudiera ser, y lo dexo [dejo] Dios».[34]

La audacia y diplomacia de Benavides garantizaron que el rey siguiera patrocinando la labor de los hermanos; en los años siguientes se establecieron varias misiones nuevas en Nuevo México.

Misión de Socorro, mediados del siglo XIX. *Departamento de colecciones especiales de la biblioteca de la Universidad de Texas en El Paso, papeles de Tom Lea.*

33 *Ibid.* 98 (141).
34 *Ibid.* 124 (167).

Como era costumbre, le correspondió a Benavides inspeccionar estas misiones e iglesias parroquiales. Mientras visitaba esos asentamientos hacia el sur (siguiendo el curso del río Grande), el *custos* tuvo conocimiento de las tribus apaches, una nación tribal tan grande que los españoles no tenían ni idea de sus límites. Con la intención de localizar algún término para estos pueblos, Benavides se dirigió al este, hacia Texas, y pronto fue recibido por una delegación de jumanos. Estos nativos recibieron a los religiosos con un conocimiento rudimentario, pero aparentemente clarividente, de la fe católica, e incluso con algunos iconos toscamente confeccionados. Estos indígenas afirmaban que, desde hacía algunos años, recibían regularmente la visita de una «mujer de azul» que les instruía en los caminos del cristianismo e incluso les había dicho que se dirigieran hacia el oeste en busca de más seres corpóreos que pudieran instruirles más en la fe. Cuando Benavides les interrogó, respondieron que «una muger [mujer] como aquella que allí teníamos pintada (que era un retrato de la Madre Luisa de Carrión) les predicava [predicaba] a cada uno de llos en su lengua, que viniessen a llamar a los Padres, para que los enseñassen y bautizassen, y que no fuessen pereçosos; que la muger que es predicava, estava vestida, ni más, ni menos, como la que allí estava pintada, pero que el rostro no era como aquel, sino que era moça y hermosa; y siempre que venían Indios de nuevo de aquellas naciones, mirando el retrato, y confiriéndolo entre sí, dezian, que el vestido era el mismo, pero que el rostro no, porque el de lamer que les predicava era de moça y hermosa.[35]

Benavides reconoció el hábito azul. Era el mismo que llevaban las monjas pertenecientes a la Orden de la Inmaculada Concepción. Los nativos se reunieron en tropel entre los religiosos. Benavides escribe que cuando fray Salas preguntó a la congregación —que se encontraba de pie, fuera, en un amplio campo— quién deseaba recibir el santo sacramento del bautismo, no solo todos los nativos

35 *Ibid.* 158-159 (201-202).

levantaron el brazo, sino que incluso las madres que llevaban bebés los cogieron por sus bracitos y los sostuvieron hacia arriba. Aunque, por supuesto, exagerar las cifras forma parte del género de la escritura histórica (*cf.* el relato de Heródoto sobre el ejército persa de un millón de hombres), Benavides escribe que en esta solemne ocasión había «más de diez mil almas». Su afirmación de que todos los nativos reunidos participaron con entusiasmo en la ceremonia es difícil de rebatir. Al fin y al cabo, esta tribu buscaba a los religiosos, y no al revés. Pero mientras los jumanos se convertían de buen grado, los puebloanos de Nuevo México tenían una opinión muy distinta de sus nuevos vecinos, basada en la observación de la interacción entre los franciscanos y el resto de los colonos españoles.

Ser gobernador de Nuevo México no era un cargo especialmente atractivo. Después del mandato de Oñate, otros veinticinco ocuparon el cargo de gobernador en la región, durante los años 1607-1680, y solo unos pocos lo ejercieron durante más de cinco años. Sin embargo, lo que la mayoría de los gobernadores tenían en común era su voluntad de abusar de su poder, enfadar a los franciscanos e indignar a los nativos. Varias y variadas son las historias de estos políticos dirigiendo expediciones, con el único fin de captar mano de obra esclava, motivaciones lascivas con las mujeres nativas o castigos excesivos, e incluso letales, para los recalcitrantes. El sistema de encomiendas se hizo duro y abusivo. Las tierras de Nuevo México no produjeron la riqueza que los colonos originales habían esperado y esto los llenó de resentimiento, una ira que estalló en todas direcciones. Para compensar su percibida pérdida de capital, estos encomenderos a menudo enrolaban a los nativos para que trabajaran, cultivando un paisaje casi anémico para abastecer a los colonos de sustento, tejiendo mantas o curtiendo pieles para el beneficio de los colonos, etc. Todo ello además del tributo anual ya adeudado. Los nuevos gobernadores se mostraban reacios a aceptar sus nombramientos, conocedores del ambiente hostil y difícil que les esperaba. Por ello, sus administraciones se caracterizaron por la obsecuencia hacia los colonos y la crueldad hacia los nativos. A su vez, los religiosos a menudo veían horrorizados cómo sus neófitos eran llevados a la desesperación por la negligencia, la esclavitud y los castigos. Los franciscanos discutían los abusos con la administración y trataban de razonar con los colonos, pero sin éxito. En respuesta, los misioneros recurrieron a algunas de las pocas herramientas de las que disponían: la pluma y el rey. Los frailes escribieron varias cartas detallando el deterioro de la situación en la zona, pero, como ya se ha señalado, las noticias viajaban entonces muy despacio. Frustrados, los padres intentaron negar los sacramentos, tanto a los colonos como a los políticos, pero esto no hizo sino avivar la ira de los residentes. Como último recurso, los franciscanos excomulgaron a algunos e incluso consiguieron llevarlos ante la temible Inquisición. Sin embargo, una vez más, sus cartas de protesta no se movieron tan rápido como las plumas que las escribieron. Esta situación, por obscena que fuera, no podía mantenerse por mucho tiempo y, de hecho, es sorprendente que durara tantos años como duró.

Viga del tejado rescatada de la estructura original. *Imagen cortesía de Angie Browne.*

La explotación no hizo más que aumentar con el paso de los años. Colonos y gobernadores se servían de cualquier recurso disponible. Esto, en combinación con los ataques apaches y las enfermedades europeas adquiridas, no ayudó mucho a los objetivos de los franciscanos. Además, los encomenderos establecieron rancherías de ganado vacuno y ovino en tierras designadas por la Corona para las granjas de los nativos. Para colmo de males, la sequía que comenzó alrededor de 1670 fue un acontecimiento del que los sacerdotes indios culparon a los cristianos. Mientras tanto, los indígenas veían cómo sus nuevos líderes espirituales, los franciscanos, se enfrentaban a los suyos. No es de extrañar que los indios reaccionaran violentamente ante esta situación. La única sorpresa es que su respuesta tardó varias décadas en desarrollarse; se podría suponer que la tenaz determinación de los frailes de inculcar la paz en todas las partes de sus comunidades fue una de las causas de la vacilación de los nativos, parecida a la de Hamlet.

Además del enfado de los pueblo por su sometimiento, su consternación hacia los franciscanos aumentó cuando estos se negaron sistemáticamente a permitir que los nativos continuaran con sus prácticas religiosas. Los españoles, y en particular los franciscanos, eran plenamente conscientes de que los antiguos romanos tuvieron éxito en sus esfuerzos de expansión, sobre todo al permitir que los conquistados conservaran su patrimonio, sus costumbres y, a menudo, su realeza y sus gobiernos, pero se mostraban intratables cuando se trataba de permitir a los nativos el derecho a los antiguos rituales. De hecho, un tal padre Alonso de Posada, mientras trabajaba en una misión de Nuevo México en la década de 1670, prohibió todas las danzas de los *kachina* (los espíritus de los pueblo para casi todos los aspectos de su vida) y ordenó que se recogieran y quemaran todas las máscaras, muñecas, iconos y demás parafernalia de los kachina. Además, también debían destruirse las *kivas,* o centros de este culto, y se prohibieron las drogas que tomaban los chamanes para facilitar sus viajes espirituales. Con el tiempo, el fuego del resentimiento de los nativos hacia los religiosos ardió tanto como hacia los encomenderos españoles, los soldados y los funcionarios del Gobierno. La malicia recíproca aumentó con los años, hasta que la ira de los misioneros les obligó a infligir castigos muy estrictos a quienes ignoraban la nueva religión en favor de la antigua. Obviamente, la tensión de toda esta hostilidad desgarrándose en todas direcciones acabaría por hacer pedazos toda la situación. Y, en 1680, eso es exactamente lo que ocurrió.

Juan Francisco Treviño fue elegido gobernador del territorio de Nuevo México en 1675. Según muchos testimonios, su principal cometido fue intentar erradicar la herencia religiosa de los indios nativos. Para ello, Treviño ordenó la destrucción de los iconos, templos y tradiciones antes mencionados. En un esfuerzo separado pero conjunto, Treviño también hizo arrestar a 47 chamanes por ejecutar el asesinato de algunos religiosos españoles y perpetuar rituales paganos. De ellos, cuatro fueron condenados a la horca. Tres del grupo fueron ahorcados sumariamente, y el cuarto se suicidó antes de su turno. Los otros 43 fueron azotados y encarcelados. La indignación provocó que cerca de cien guerreros rodearan el cuartel general de Treviño en el palacio del gobernador en Santa Fe y exigieran la liberación de los prisioneros. Como muchos de los soldados españoles estaban luchando contra los apaches, pocos estaban disponibles para defender la residencia del gobernador. El palacio fue asaltado, Treviño hecho prisionero y solo se le permitió rescatarse mediante la liberación de los curanderos. Entre ellos se encontraba un chamán del pueblo Tewa, Po'pay.

Popé, una vez retirado a Taos, comenzó la tarea de usurpar el dominio español en Nuevo México. Aunque antes estas tribus habían sido hostiles entre sí, Popé consiguió unirlas en torno a un enemigo común. Su plan era bastante simple: librar a la región de los españoles, destruir las misiones e iglesias de los franciscanos y restaurar las antiguas tradiciones religiosas. Para ello, Popé pidió lealtad a los líderes de los pueblos. La mayoría accedió con entusiasmo.

El método empleado por Popé para enmascarar el día de la venganza es casi tan famoso como el nudo gordiano de Alejandro magno. Popé entregó a cada pueblo confederado una cuerda con varios nudos. Los líderes de cada pueblo debían desatar un nudo cada día hasta el último, que era el día de la conspiración, el 13 de agosto de 1680. Esta técnica mantendría a los españoles al margen de la conspiración. De hecho, el plan funcionó muy bien, e incluso se vio facilitado cuando Popé asesinó a su propio yerno, de quien temía que pudiera delatar la conspiración a los españoles.

Aunque los españoles acabaron enterándose del plan por la captura de un par de mensajeros indios, el complot solo se reveló un par de días antes de la revuelta, por lo que se corrió la voz de comenzar el asalto antes, el 10 de agosto. El gobernador, ahora Antonio de Otermín, se enteró de la trampa tendida cuando ese día se supo del martirio de un sacerdote (fray Juan Pío). Pronto cundió el pánico, y muchos españoles huyeron a México, mientras que otros se retiraron a la residencia del gobernador en Santa Fe. El 15 de agosto, unos 1000 españoles se habían refugiado en el palacio del gobernador y más del doble de indios asediaban la zona. Muchos otros españoles se refugiaron en el pueblo de Isleta, un grupo indio que no había participado en la conspiración.

Desde el principio de la revuelta, Otermín intentó resistir, e incluso contratacó en varias ocasiones. Sin embargo, tras unos días de lucha, el gobernador tuvo que abandonar la situación al darse cuenta de que los indios estaban siendo reforzados mientras que él no. El 21 de agosto, los españoles de Santa Fe (estimados en cerca de 2000, cifra que incluía unos cientos de indios) iniciaron su ardua marcha hacia el sur, en dirección a El Paso del Norte. Popé les siguió, pero permitió la retirada simplemente porque era obvio que los españoles estaban abandonando el territorio. Otermín interceptó a los colonos españoles que también se retiraban hacia el sur desde Isleta el 3 de septiembre. Juntos, continuaron la retirada hacia el sur. Deteniéndose a intervalos para celebrar «consejos de guerra», Otermín estuvo decidido, durante algunas semanas, a encontrar la forma de retomar a Nuevo México. Finalmente, convencido por los colonos y los religiosos de que era inútil seguir contratacando, Otermín accedió a continuar hasta Río del Paso y creó allí un asentamiento provisional desde el que organizar más tarde la reocupación española. Al llegar y reunirse con un tren de suministros procedente de México, Otermín comenzó la tarea de establecer la colonia de Pueblo del Paso. Para ello, encargó la construcción de misiones en la zona para los colonos y los nativos que les acompañaban. Este nuevo asentamiento recibió el nombre de San Lorenzo, al sureste de la actual El Paso.

Fachada de misión Socorro. *Imagen cortesía de autor.*

Aunque resulte tentador, sería un error suponer que estos refugiados fueron los primeros colonos de la región de El Paso. La zona situada justo al sur de la actual El Paso había sido colonizada por los españoles, aunque solo fuera parcialmente, varios años antes de que Otermín y su tren llegaran cojeando a la región. Un gobernador de Nueva Vizcaya, Francisco de Gorraez Beaumont, había enviado, algunos años antes de la revuelta, una correspondencia informando a uno de sus oficiales de que ayudara a establecer los territorios hacia el norte, hacia el río Grande. Como señala la historiadora Hughes:

> «En el segundo año de su Gobierno, 1663, en respuesta a la petición de misioneros por parte de los indios de los alrededores de *Casas Grandes* [un antiguo y abandonado emplazamiento indio que es, hoy en día, un sitio de la Unesco en la parte norte del estado de Chihuahua], el gobernador Beaumont ordenó al capitán Andrés García, que se estaba asentando en el río del Norte, "confines de La Vizcaya en Nuevo México", que pasara a Casas Grandes, con su familia y algunos otros

de su parentela que pudieran ayudarle. Se ordenó, además, al Capitán García que promoviera el asentamiento de Casas Grandes y se esforzara por congregar al mayor número posible de indios».[36]

En esta región a lo largo del río Grande, ahora más ocupada, se produjo otra revuelta india en 1684. Liderados por una confederación de mansos, apaches, janos y algunas otras tribus, estos colonos españoles, junto con los pocos nativos de las tribus piros y tigua que se habían mantenido fieles a los españoles, se consolidaron cerca de la gran curva del río, y más cerca de la misión establecida de Nuestra Señora de Guadalupe. Debido a los persistentes ataques de los nativos y a las malas cosechas, estos colonos españoles habían pedido permiso para abandonar la zona, pero fueron rechazados por el Gobierno provincial de México. En última instancia, fue esta decisión la que consolidó el asentamiento de El Paso. El siguiente gobernador, don Domingo Jironza Petriz de Cruzate, sustituyó a Otermín en 1683; obviamente, fue él quien tuvo que enfrentarse a la revuelta de 1684 y a las numerosas quejas y disputas territoriales y decisiones sobre cuándo y cómo retomar la región de Nuevo México.

La revuelta de 1680 había dejado más de 400 españoles muertos, entre ellos mujeres y niños, junto con veintiuno de los treinta y tres sacerdotes de la región. Las misiones y las iglesias fueron incendiadas, y todo lo que los franciscanos consideraban sagrado fue profanado y destruido. También se quemaron las casas de los colonos y la mayoría de los edificios españoles. Popé declaró un nuevo estado en el que él era el gobernante supremo y en el que todos debían volver a los antiguos estilos de vida tradicionales. Como declaró un nativo de la nación de los queres, Pedro Naranjo, en un interrogatorio en diciembre de 1681, la atención inmediata de Popé era deshacerse de todo lo español: «Él [Popé] se encargó de que enseguida erigieran y recons-

36 Anne E. Hughes. *The Beginnings of Spanish Settlement in the El Paso District.* University of California Publications in History. (Berkley, 1914) vol. 1. 311-312. https://archive.org/stream/beginningsofspani00hughrich#page/312/mode/2up

truyeran sus casas de idolatría que llaman *estufas*, e hicieran máscaras muy feas a imitación del diablo para bailar la danza de *la cacina*».[37]

Por desgracia, la sequía que había comenzado varios años antes no amainó, y muchos de los discípulos de Popé empezaron a dudar de su talento espiritual. Varios pobladores empezaron a protestar contra la agresividad y el despotismo de Popé y no tardaron en reanudarse las luchas intestinas. Asimismo, las tribus apache y navajo, obviamente conscientes de la ausencia española, asaltaron los pueblos con renovado fervor. Así que no fue una tarea especialmente ardua doce años después que los españoles volvieran a ocupar la región, dirigidos por el entonces gobernador don Diego de Vargas.

En un consejo celebrado en Santa Fe en septiembre de 1692, Vargas perdonó sabiamente a las tribus indígenas que habían participado en la revuelta. Este ejemplo de prudencia, unido a la muerte de Popé en 1688, permitió a los españoles y a los nativos de Nuevo México establecerse en una relativa calma durante las siguientes décadas. Sin embargo, Vargas fue un gobernador extremadamente intolerante. Durante una ausencia de Santa Fe en 1693, los nativos volvieron a intentar una revuelta. Cuando Vargas regresó, los castigos impuestos fueron rápidos y severos. Vargas mandó ejecutar a 70 y condenar a otros 400 a diez años de prisión, lo que significaba, en muchos casos, entregarlos en servidumbre a familias y funcionarios españoles en México.

En cuanto a por qué tantos habían ido servilmente a donde Popé les indicaba, se entiende en especial por dos factores: el primero, el maltrato de los nativos por los españoles (colonos, gobernadores jesuitas y franciscanos por igual habían intentado subyugar al indio de Nuevo México mediante la fuerza de la voluntad y la violencia). En segundo lugar, los pueblo temían y respetaban mucho a sus propios religiosos: los chamanes. Debe ser muy difícil abandonar siglos

37 Charles Wilson Hackett, ed. *Revolt of the Pueblo Indians of New Mexico and Otermin's Attempted Reconquest, 1680-1682.* (University of New Mexico Press, 1942), vol. 9. 248. Wisconsin Historical Society, 2003. Disponible en http://www.americanjourneys.org/aj-009b

de práctica religiosa simplemente porque a uno se le dice, ahora, que lo haga. Que muchos cientos lo hicieran es un gran testimonio de los decididos esfuerzos del franciscano. Sin embargo, tras el arresto de los 47 curanderos, la estatura de Popé aumentó exponencialmente con sus heridas. Él, junto con algunos otros del mismo grupo, llegó a ser más temido y venerado que antes. Un nativo del pueblo describió, casi un año y medio después de la revuelta y bajo interrogatorio de las autoridades españolas, por qué él y sus compatriotas habían seguido a este mesías casero:

> «Preguntado por qué tenían al dicho Popé en tal temor y le obedecían, y si era el principal del pueblo, o un buen cristiano, o un hechicero, dijo que el informe común que circulaba y todavía es corriente entre todos los nativos es que el dicho Popé indio habla con el diablo, y por esta razón todos le tenían en terror, obedeciendo sus mandatos aunque fuesen contrarios a las órdenes de los gobernadores mayores, del prelado y de los religiosos, y de los españoles, dándoles a entender que la palabra que él decía era mejor que la de todos los demás».[38]

Muchos de los nativos tigua (aproximadamente 320) acompañaron a los españoles en su retirada de Nuevo México. La región designada para ellos en la zona de El Paso recibió el nombre de Ysleta del Sur. Como se mencionó anteriormente, los franciscanos, una vez que encontraron la tranquilidad de la revuelta, se dispusieron a fundar nuevas misiones, tanto para los colonos como para la instrucción continua de los nativos en la fe católica. La primera de ellas se llamó *Corpus Christi de la Ysleta.* Esta misión se estableció en 1682 bajo la supervisión de Otermín. Fray Francisco de Ayeta, del Colegio de Zacatecas, fue el encargado. Fue la primera misión establecida dentro de las fronteras actuales de Texas. Inicialmente, la misión se ubicó en el lado sur del río Grande, pero las inundaciones posteriores cambiaron el paisaje ribereño y la misión sufrió varios cambios de ubicación, lo que a veces obligó a reconstruirla. En otras

38 *Ibid.* 245.

ocasiones, sobre todo a principios del siglo XIX, después de que el río Grande hubiera disminuido su caudal, la misión se encontraba allí, en la orilla norte. Incluso hubo un breve periodo, a principios del siglo XVIII, en el que las tres misiones de la zona se encontraban a lo largo de una isla creada por la crecida del río.

Una vez que Ysleta estuvo permanentemente conectada a la zona, la región también adquirió el *Presidio de San Elizario* y otra misión, *Socorro,* todas establecidas a lo largo de la orilla norte del río Grande. (Cabe señalar que la misión *Nuestra Señora de Guadalupe* se erigió, en la orilla sur del río, en Juárez, México, en 1659, y sigue en pie hoy en día. Algunos afirman que, debido al curso siempre cambiante del río Grande, esta misión es, técnicamente, la primera misión de Texas).

La misión del Corpus Christi de la Ysleta es conocida por los habitantes de El Paso y Juárez principalmente por su famosa cúpula resplandeciente. Conocida a lo largo de los años como San Antonio de los Tiguas (llamado así por los nativos tigua que se habían retirado a la zona con los españoles y que era el nombre original de la misión), San Lorenzo del Realito y Nuestra Señora del Monte Carmelo (nombre que recibió la misión en 1881 cuando los jesuitas tomaron posesión de ella), esta misión ha servido a la comunidad del oeste de Texas y del norte de México durante más de 300 años. Sin embargo, la misión ha sufrido tantos cambios de nombre como de estructura. De hecho, las reconstrucciones, reubicaciones y restauraciones de la misión son sus principales puntos de interés desde el punto de vista histórico.

En 2016, la misión de Ysleta se cerró para llevar a cabo una importante reconstrucción. Aunque reabierta en la actualidad, la iglesia tal como la vemos hoy en día es relativa a la misión original solo en que se encuentra en el mismo sitio. Gran parte de lo que se sabe de las primeras encarnaciones del edificio fue recogido por arqueólogos que estudiaron los registros antiguos y los cimientos. De hecho, como escribió Burke:

> «... poco queda de la iglesia original. El 15 de mayo de 1907 sus edificios actuales fueron destruidos por un incendio. Tenía un extraño

> frontón a cuatro aguas y una torre de tres cuerpos con doble espadaña y cúpula ovoide. Era ornamental y su estilo era probablemente una mezcla de morisco y románico. Por los restos de los cimientos sabemos que la iglesia tenía 145 pies [44 metros] de largo y 18 [5,4 m] de ancho, con un crucero que medía 30 pies [9,1 m]. Estaba construida con mampostería de roca de lecho de río, grava y mortero, y se componía de cantidades inusuales de suplementos de madera…».[39]

Las misiones y el presidio de El Paso tuvieron un nacimiento difícil y una infancia aún más ardua. Nacidas del miedo y la resistencia, el hecho de que estas estructuras hayan perdurado es un gran testimonio de la fe de los franciscanos en que su trabajo podría producir un linaje duradero. El tren de refugiados procedentes de Nuevo México, tanto indios como españoles, se fue depositando poco a poco a lo largo de las orillas del río Grande: El Paso del Norte (Juárez), Senecú, Ysleta del Sur. Y, finalmente, cinco leguas más al sudeste, se plantó el asentamiento de Socorro (al igual que Ysleta, Socorro era también el nombre de un pueblo de Nuevo México), y los nativos piro recibieron estas tierras. Se fundó la misión de *Nuestra Señora de la Limpia Concepción del Socorro,* y fray Antonio Guerra ofició la primera misa.

La misión de Socorro soportó tantas pruebas de fe como la de Ysleta. En 1683, solo un año después de su fundación, algunos nativos volvieron a conspirar para sublevarse. Esta vez el plan consistía en martirizar al padre Guerra y asesinar a algunas de las familias españolas que vivían en Socorro. Evidentemente, el plan fue descubierto por algunos miembros de la tribu zuma y los españoles expulsaron a Ysleta a los conspiradores que pudieron identificar. Los demás huyeron de vuelta a Nuevo México, donde aún prevalecía el sentimiento antiespañol. Sin embargo, incluso con el fin de esta violencia, aquellos asentamientos de la región de El Paso seguían enfrentándose a muchas penurias.

39 James Wakefield Burke. *Missions of Old Texas.* (Cranbury, New Jersey. A.S. Barnes and Co. 1971), 115.

San Miguel, misión Socorro. *Imagen cortesía de autor.*

En 1692, debido a la reocupación del territorio de Nuevo México por Vargas, muchos españoles, junto con algunos de los indios piro, decidieron regresar a sus antiguos hogares allí, reduciendo la población de Socorro casi a la mitad. El hecho de que las autoridades españolas, en las primeras fases de la colonización de la región de El Paso, hubieran segregado los diversos asentamientos (hubo al menos ocho, probablemente nueve, de estos caseríos fundados; cuatro para los españoles, el resto, indios) entre españoles y nativos no contribuyó mucho a avivar la inclinación de estos últimos hacia los primeros. Posiblemente en un esfuerzo por calmar futuros resentimientos y violencia, el padre Joaquín de Hinojosa solicitó —y sorprendentemente le fue concedida— una concesión de tierras por el rey de España, Carlos III. La concesión, la mayor del periodo colonial de Texas, comprendía 71 684,4 hectáreas de tierra. Esta enorme extensión abarcaba los territorios de El Paso, Socorro, Ysleta y Senecú. Además, a Hinojosa se le concedió no solo el control eclesiástico de la zona, sino también como ciudadano particular. Todo lo cual había sido acordado por el gobernador Vargas, quien evidentemente estaba dispuesto a ceder algunas responsabilidades en la zona mientras se concentraba en la reconquista de Nuevo México.

Las décadas siguientes fueron testigos del crecimiento ininterrumpido de la zona de Socorro. A pesar de las primeras y frecuentes revueltas indias, el pueblo empezó a prosperar y los informes oficiales del siglo XVIII y principios del XIX indican que contaba con varios centenares de habitantes, tanto españoles como nativos. Por otra parte, la proximidad del río Grande también influyó en el futuro de la misión.

Los pueblos situados a lo largo del río por debajo de El Paso se convirtieron en asentamientos mexicanos tras la Guerra de Independencia de México en 1821. Menos de ocho años después, en la primavera de 1829, el río Grande volvió a desbordar la región, y la misión, las iglesias y las casas de Socorro fueron literalmente arrasadas. A mediados del siglo XIX se construyó una tercera encarnación de la misión. Como informó el profesor Gerald en un artículo de 1984:

> «La congregación y la misión ocuparon al menos una localidad anterior en la zona de El Paso del Norte antes de trasladarse a la zona de la comunidad actual en la primavera de 1684. La iglesia y el convento ocuparon distintos emplazamientos en la zona antes de que se terminara de construir la nave sur de la iglesia actual en 1842-1833. Con la adición del crucero y el santuario en 1876, la iglesia propiamente dicha adquirió su configuración actual».[40]

40 Rex E. Gerald. *Archaeological Studies Related to the ReRoofing of the Socorro Church. January-March, 1984.* Rex E. Gerald Papers, Special Archives University of Texas at El Paso. Box 4.

Los jesuitas, que llegaron a la zona en 1881 tras la «expulsión de los jesuitas» durante las reformas borbónicas en España de 1767, se hicieron cargo de la misión. Este grupo rebautizó Ysleta con el nombre de *Nuestra Señora del Monte Carmelo* y se hizo cargo del mantenimiento de las misiones de la zona, que ya contaban con 200 años de antigüedad. Durante su administración se llevaron a cabo muchas reparaciones y restauraciones, aunque uno de sus esfuerzos estuvo a punto de reavivar las actitudes revoltosas de la población nativa.

Hace más de trescientos años, un icono de San Miguel fue, literalmente, transportado (en un carro tirado por bueyes) a Socorro desde México y se le dio su propio nicho especial cerca del altar. Cuando, a principios del siglo XX, los jesuitas quisieron reconstruir el techo y otras partes interiores de la misión, su plan era retirar la estatua durante la construcción. Los lugareños no lo aprobaron. La imagen de San Miguel había llegado a significar para ellos mucho más que un simple icono; para los habitantes de Socorro, la estatua era la encarnación de la misión y de su propósito lleno de fe. El día en que la estatua iba a ser trasladada a un colegio de jesuitas en México, los habitantes de Socorro recibieron a los obreros en la puerta principal con rifles cargados de perdigones e indignación. El icono fue reemplazado y ha ocupado ese lugar desde entonces.

A finales del siglo XX, la misión necesitaba reparaciones urgentes. En un artículo del periódico *El Paso Times* fechado el 22 de octubre de 1978, un periodista escribía que «la misión se reconstruyó en 1840 después de que las inundaciones destruyeran la iglesia original. En la nueva iglesia se utilizaron los métodos de construcción del siglo XVII y parte del material original, incluidas las vigas del tejado».[41] En consecuencia, de un informe dado, de nuevo por el profesor Gerald, en 1986, se desprende que los esfuerzos de reconstrucción intentaron utilizar lo que pudieron del edificio original:

---

41 Help! Socorro Mission Cries For Aid, *El Paso Times* (El Paso, Texas), 22 de octubre de 1978.

«Parece totalmente posible que la iglesia anterior a 1829 estuviera situada junto a la rectoría por el norte y que el cementerio trasladado a principios de este siglo [XX] desde esa zona estuviera originalmente dentro y delante de esa iglesia. El montículo de adobe caído que era la ruina de aquella estructura destruida por las inundaciones probablemente se utilizó en la construcción de la iglesia actual».[42]

La misión Socorro es hoy un hermoso edificio. Conocida hoy simplemente como *La Purísima,* la reluciente fachada blanca ha sido moldeada para asemejarse a la antigua imagen del pueblo de una nube en forma de cabeza de trueno, aunque algunos, quizá más ortodoxos, podrían imaginar una estructura cruciforme. En cualquier caso, la iglesia irradia luz al acercarse. Y, evidentemente, muchos otros se han dado cuenta. La misión del Socorro se inscribió en el Registro Nacional de Lugares Históricos en 1972.

El interior sigue siendo maravilloso. El icono de San Miguel sigue en pie en la pared del fondo, a la derecha del altar cuando se mira hacia la puerta principal. Las antiguas vigas talladas y decoradas a mano aún pueden verse claramente en el techo, que sigue sosteniendo el trabajo de los franciscanos después de más de tres siglos. En la pequeña sala que hay a la derecha nada más entrar hay una pequeña librería y un mostrador de información sobre la historia de la iglesia. En una visita realizada en 2016, Magda Madureira Trujillo, docente de la misión (aunque ella insiste en que es una simple voluntaria), ofreció a algunos turistas mucha información sobre la historia de la misión. Explicaba, ilustraba, dirigía e informaba sin necesidad de pararse a pensar; era realmente asombroso ver a alguien con tantos conocimientos ofrecer su tiempo y energía de forma tan desinteresada. Cuando este redactor finalmente la sorprendió entre visita y visita, explicó que su interés por la misión es inherente. Por parte de madre, es india piro y residente en Socorro.

42 Rex E. Gerald *Report on Archaeological Monitoring of Light Pole Installation Activities at the Socorro Mission National Register Site.* 27 de mayo de 1986. Rex E. Gerald Papers, Special Archives of University of Texas at El Paso. Box 4.

Contó que ella y otros llevan muchos años intentando difundir información sobre el rico patrimonio de la zona. «Solemos captar a alumnos de 4º y 5º porque es cuando enseñan la historia de Texas», dijo cuando se le preguntó por los visitantes más asiduos. La Sra. Maureira también mencionó que la visita del papa Francisco en 2016 a México en general y a Juárez en particular «¡estimuló mucho tráfico!»

De pie en el exterior, después de señalar una viga justo dentro de la puerta principal que tiene, en español, la fecha en que había sido reinstalada (1821), la Sra. Maureira, tras colocarse instintivamente el sombrero para protegerse del sol de Texas, contempló en silencio todo el terreno y la vasta extensión de tierra que había más allá. En ese momento parecía angelical o, tal vez, más que humana, como alguien que no estuviera totalmente poseído por el presente. En ese momento, parecía capaz de trascender el abismo temporal entre la fundación de la misión y el presente; parecía capaz de tocar y aferrarse firmemente a cada uno, de ser parte integrante de cada uno. Fue solo un momento. Pero cuando volvió con nosotros y, de nuevo, se giró para echar un vistazo a la misión, dijo: «Es un pequeño tesoro increíble en esta zona».

Al igual que las misiones de San Antonio, el *Presidio de San Elizario* tuvo sus inicios en un lugar diferente. El *Presidio de Nuestra Señora de las Caldas de Guajoquilla* fue fundado en 1752 en lo que hoy es Jiménez, México, en el norteño estado de Chihuahua.

En agosto de 1765, el rey Carlos III seleccionó al mariscal de campo español y comandante de una noble familia de Barcelona, el marqués de Rubí, para que recorriera los establecimientos españoles desde el interior de Nueva España hasta Nuevo México y el este de Texas. Las condiciones a lo largo de la frontera de los nuevos territorios españoles se habían deteriorado hasta tal punto que el rey exigió una opinión oficial de terceros sobre lo que debía hacerse para reforzar las defensas. Rubí recorrió las regiones a partir de marzo de 1766 y, veintitrés meses después, había completado su tarea. Tal vez de forma obvia, sus primeros viajes le llevaron a los colegios de

Zacatecas y Querétaro, para descubrir cuáles podrían ser los planes de los franciscanos para las misiones y los presidios. A continuación, Rubí cruzó el río Grande en el verano de 1767 en la región de El Paso, caminó hacia el norte en Nuevo México, tomó una ruta tortuosa de regreso a través del interior de México, cruzó de nuevo el río Grande y visitó el presidio de San Sabá, pasó por el territorio sureste e inspeccionó las misiones y presidios del este antes de regresar hacia la capital en México.

Presidio San Elizario en reconstrucción años 30. *Departamento de colecciones especiales de la biblioteca de la universidad de Texas en El Paso, archivos del periódico El Paso Herald Post.*

El informe presentado por Rubí, *Reglamento e instrucción para los presidios que se han de formar en la línea de frontera de la Nueva España*, era crudo y honesto. En su opinión, como soldado y mariscal de campo, las misiones y presidios del este de Texas debían abandonarse. Además, recomendaba concentrar los asentamientos en Santa Fe y San Antonio principalmente, y poblar el extremo sur de todo el territorio con presidios, a una distancia de 193 kilometres (40 leguas) entre sí, desde la bahía de California hasta el delta del río Guadalupe en Texas. Además, Rubí recomendó una amplia y completa destrucción de las tribus apaches (lipanes) que, según informó, eran la causa tanto de mucha destrucción dentro de las comunidades españolas como de un excesivo caos intertribal.

La tarea de realinear los presidios y barrer a los apaches del territorio recayó en Hugh O'Connor (o, en español, Hugo Oconór), un irlandés que se había trasladado a España de joven debido a sus creencias religiosas y políticas. O'Connor estableció un presidio en el actual estado de Arizona que acabaría convirtiéndose en la ciudad de Tucson y también fortificó la comunidad de San Antonio. Para evitar nuevas incursiones indias en la región de Texas desde el este, O' Connor hizo reforzar y reestructurar el presidio de Los Adaes. En cuanto a los apaches, O' Connor (el *Capitán Rojo*, por su pelo y su sed de sangre) sufrió grandes pérdidas, matando a cientos de ellos y obligando a miles a alejarse hacia el oeste.

El Presidio de San Elizario (llamado así por san Elzéar de Sabrán, el famoso y devoto patrón católico de los soldados) era la ubicación del ya mencionado San Lorenzo, donde Otermín había reunido a sus tropas y a los colonos de Nuevo México tras la revuelta de 1680. En aquella época, la zona también albergaba la *Misión de Nuestra Señora del Pilar y Gloriosa San José*, mucho más pequeña y ahora perdida. Cuando Vargas retomó Nuevo México, varias de las familias desplazadas regresaron a sus antiguos hogares. Otras decidieron quedarse donde estaban; después de todo, la región era fértil y relativamente tranquila, salvo por las incursiones apaches. Una de ellas fue la familia de Tiburcio Ortega. Sus tierras eran extensas y la región pasó a conocerse como la *Hacienda de Los Tiburcios.* Con el fin de proteger a los españoles y a las tribus piro y tigua, el ejército español decidió trasladar el presidio de San Elizario de su ubicación a unas diez leguas al este de la familia Tiburcio (el mismo presidio de Caldas de Guajoquilla) a las tierras de la hacienda.

El Presidio de San Elizario se estableció en 1789, principalmente debido a los esfuerzos de reestructuración de O' Connor y sus intentos de apagar las privaciones apaches. Se añadió una capilla a la fortaleza para las necesidades eclesiásticas de los soldados y sus familias. Esta estructura es la que sigue en pie hoy en día o, lo que es lo mismo, su encarnación más reciente. Unos cuarenta años después de su construcción, la capilla fue una víctima más de la furia del río Grande, y en 1829 estuvo a punto de desaparecer del paisaje. Se construyó una segunda capilla que pronto se quedó pequeña para albergar a la creciente población. El edificio actual se fundó en 1877, aunque también ha sufrido sus propias penurias. Un cortocircuito eléctrico en 1935 llenó la iglesia de humo y, como resultado, el techo de madera se cubrió con estaño, las paredes se repintaron y nuevas lámparas de araña sustituyeron a las antiguas. El campanario es un añadido posterior.

Presidio San Elizario actualidad. *Imagen cortesía de autor.*

En todas sus formas, el Presidio de San Elizario ha vigilado a las comunidades de Ysleta y Socorro durante siglos. Incluso hoy en día, la iglesia sigue sirviendo a los residentes de la zona, celebrando misa en un horario regular, semanal. Hace unos años, durante una visita a primera hora de la tarde, la iglesia, llena de fieles, parecía etérea en el crepúsculo azul, con las vidrieras brillando por la luz del interior. Un grupo de chicas adolescentes estaba reunido frente a la entrada practicando un número de baile para su escuela local. El patio situado justo delante del edificio, una especie de centro comunitario donde parece reunirse todo el vecindario sin importar el día o la ocasión, estaba repleto de otros miembros de la comunidad charlando ociosamente.

De toda la región de El Paso, en lo que respecta a las misiones y el presidio, puede decirse que la intención original de los asentamientos, es decir, reunir, proteger y permitir florecer a quienes necesitaban exactamente ese alimento, ha tenido éxito. De hecho, fue esta región la que realmente permitió que Texas se convirtiera en lo que es hoy. Como escribió Hughes hace varias décadas:

> «Aunque el inicio de Texas se asocia comúnmente con el pequeño grupo de misiones establecidas por Massanet en 1680 en el río Neches, al este de Texas, en realidad, los verdaderos comienzos de lo que hoy es Texas se encuentran en los asentamientos agrupados a lo largo del río del Norte, en el distrito de El Paso».[43]

43 Anne E. Hughes. *The Beginnings of Spanish Settlement in the El Paso District*, 392.

CAPÍTULO 4

LAS MISIONES Y PRESIDIOS DEL CENTRO DE TEXAS A LO LARGO DEL RÍO SAN ANTONIO

MISIÓN SAN ANTONIO DE VALERO

Todas las misiones de la región de San Antonio cuentan una historia de viajes y propósitos. De hecho, lo mismo podría decirse de la mayoría de las misiones de la actual Texas. Sin embargo, los emplazamientos de las misiones de esta zona se eligieron por razones ligeramente distintas a las de los alrededores de Goliad o El Paso. Las misiones de San Antonio se establecieron con el propósito definido de socorrer y ayudar, mientras que las de Goliad y El Paso se fundaron principalmente para defenderse y bloquear el avance francés o descansar de la retirada de los hostiles nativos americanos, respectivamente.

Como se mencionó anteriormente, los asentamientos españoles iniciales en el área de San Antonio fueron el resultado directo de los esfuerzos del padre Antonio de San Buenaventura y Olivares y del entonces gobernador de Coahuila y Texas, Martín de Alarcón. La misión y el presidio establecidos a lo largo del río San Antonio, es decir, Villa de Béxar (o, como algunas fuentes lo tienen, San Fernando de Béxar),[44] eran en cierto modo similares a los establecidos en El Paso, para ofrecer descanso y comodidad a los misioneros, nativos y colonos españoles. La diferencia estribaba, por supuesto, en que nadie perseguía a los españoles desde el este y los que se retiraban no tenían precisamente la intención de intentar recuperar la región como Otermín había imaginado para los refugiados de Nuevo México. La visión del padre Olivares había sido, desde que visitó la región por primera vez en 1709, fundar misiones a lo largo de la fértil región del sistema del río San Antonio. Entonces, con el abandono de las misiones del este de Texas, vio su oportunidad. Lo que el franciscano había imaginado era un área de descanso para aquellos suministros, colonos, religiosos y militares que viajaban por el obstinado Camino Real desde el interior de México hasta *tierra adentro*. El nuevo virrey, Marqués de Valero, estuvo de acuerdo con el padre y encargó a Alarcón, en 1716, la construcción de la visión del padre Olivares.

Los retrasos de más de año y medio (debidos principalmente a las disputas entre Alarcón y Olivares, es decir, Olivares pedía y Alarcón ignoraba) terminaron finalmente cuando Alarcón fundó la misión de San Antonio de Valero en mayo de 1718. Pocos días después se estableció el Presidio de San Antonio de Béxar en las Fuentes de San Pedro. Como se recordará, estas nuevas fortificaciones no se desarrollaron demasiado pronto. Aquellos franciscanos y soldados de las misiones del este de Texas, en 1721, estaban muy contentos de haber tenido estas nuevas estaciones para establecerse. De lo contrario, su viaje les habría llevado varios meses más y cientos de duras millas para cruzar el río Grande y volver a contactar con la ayuda.

El peregrinaje de las misiones españolas desde el este de Texas hasta San Antonio no es un viaje tan inusual como podría sospecharse. La Villa de Béxar no solo había sido una aspiración del padre Olivares, sino también una necesidad relativamente lujosa para los

44 El nombre de Béxar procede de un cruzado español de Béjar, España, el duque de Béxar, que murió intentando defender Budapest.

habitantes de la zona. El tren de hombres, animales y provisiones que llegaba de México a Texas se había hecho constante. La senda había sido trazada y no había nada que detuviera el flujo; ahora solo era el momento de los contratiempos y los cambios subjetivos. La expedición de Aguayo había tenido más éxito del previsto. Llegaban colonos de Canarias, Cuba y Galicia, y la región de San Antonio florecía. De hecho, cuando Francia cedió la región de Luisiana a España en 1762 con el Tratado de Fontainebleau, comerciando con todas las tierras del valle del río Misisipi y las que se extendían desde los montes Apalaches hasta las Montañas Rocosas, la necesidad de cualquier presidio o misión española en el este de Texas se hizo redundante. Además, la inmigración anglosajona aumentaba constantemente. La necesidad más directa (como los franciscanos llegaron a ver las cosas entonces) era mantener una presencia religiosa en este nuevo territorio próspero.

Esbozo de la misión Valero (Álamo) por Thomas Falconer, 1841. *Imagen disponible en Internet e incluida de conformidad con el título 17 U.S.C. sección 107*

La misión de San Antonio de Valero comenzó su andadura en el lado sur del río Grande en 1700. Inicialmente, la misión llevaba el nombre de *San Francisco Solano* y estaba situada muy cerca de otra, San Juan Bautista, en la actual Guerrero, México, en el estado de

Coahuila. La autoridad española entonces no era otra que Diego Ramón, y los padres Olivares e Hidalgo fueron encargados de las misiones. Como hemos visto, Fray Hidalgo predicaba con el ejemplo, su confianza en su misión, su fe inquebrantable y su firme creencia en la obra de su vida atraían incluso a las almas más contrarias. Por el contrario, el padre Olivares ha sido descrito en diversas ocasiones como irascible o incluso gruñón. Olivares sabía exactamente cuál era su vocación y se aferraba a los principios de su fe. Sin embargo, a diferencia de Hidalgo, la paciencia de Olivares se agotó rápidamente con las actitudes recalcitrantes de algunos de los nativos con los que trabajaba. Ansiaba desplazarse y cuando, tras visitar la región de San Antonio, descubrió una comunidad verde, rica en vegetación y bendecida por el agua, supo dónde estaba su próxima misión.

Tras solicitar permiso al marqués de Valero, Olivares no tardó en trasladar la misión de San Francisco Solano, junto con algunos de los fieles nativos Jarame de Solano, al otro lado del río Grande, a la zona de San Antonio; la misión, al principio, se conoció como *San Antonio de Padua* y luego Olivares añadió el cognomen de *de Valero,* en honor al virrey que había concedido al franciscano el permiso para el traslado de la misión.

Al principio, la misión estaba situada en el lado oeste del río San Antonio. Según diversas fuentes, el complejo de la misión se trasladó al lado este del río en torno a 1724 y unas dos décadas más tarde se inició una construcción más permanente, de piedra y adobe. La población de la zona aumentó rápidamente. Los nativos americanos que habían estado en la misión de San Francisco Javier de Naxera (Nájara), fundada apresuradamente en 1722 por Aguayo, a cinco kilometres al sur de Valero para una gran confederación de tribus coahuiltecas y tonkawa dirigidas por un jefe Ervipiame llamado Juan Rodríguez (su nombre de bautismo), se reasentaron en Valero, ya que el emplazamiento de esta última misión resultaba mucho más reconfortante y protector. Sin embargo, parece que la percepción que el padre Olivares tenía de Alarcón era compartida por otros, lo que, al principio, amenazó el inicio del esfuerzo de la misión sembrada. Como señaló Habig, «en una carta que escribió el 22 de junio de 1718, el padre Olivares mencionaba el hecho de que Alarcón había tratado tan mal a su guía indio, que este había huido después de que llegaran a San Antonio y se había unido a los indios de los alrededores, y que Alarcón había amenazado diciendo de que si los indios no venían a la misión, él iría en su busca y los pasaría a cuchillo. Esa fue sin duda una de las razones por las que los indios no vinieron».[45]

Sin embargo, recordemos que, justo en ese momento, Alarcón recibió la orden de ayudar a las misiones del este de Texas que habían estado, durante tanto tiempo, en una situación tan desesperada. Y, recordando de nuevo lo anémica que fue esa ayuda, parecería que la mayor ofrenda de Alarcón para el esfuerzo misionero fue su ausencia. Durante el viaje de Alarcón a Oriente, que duró de septiembre de 1718 a enero de 1719, Olivares persuadió a un gran número de indígenas payaya y pamaya para que se establecieran en la misión de Valero. La región pronto albergó a cientos de colonos españoles, tribus de nativos americanos, grandes rebaños de ganado vacuno, caprino, ovino y equino, y la tierra, al estar bien regada, producía abundantes cosechas. Debido a todo esto, la región de San Antonio también se estaba volviendo muy atractiva para aquellos de naturaleza más furtiva y la estructura de la misión comenzó a parecerse más a un fuerte que a un centro de culto. Por otra parte, sería negligente no mencionar una contribución de Alarcón; Habig señala que a su regreso a Valero desde el este, Alarcón «trajo consigo una campana que había encontrado en el lugar de la primera misión de San Francisco que había sido abandonada en 1693».46 Sin embargo, la misión y sus alrededores florecieron de una manera que el padre Olivares probablemente nunca imaginó. Como escribió el historia-

45 Marion A. Habig O.F.M. *The Alamo Chain of Missions: A History of San Antonio's Five Old Missions*. Pioneer Enterprises, 1997. Publicado por primera vez en 1968 por Franciscan Herald Press. 40.

46 *Ibid*. 40-41.

dor Burke, «la misión de San Antonio de Valero prosperó, y algunas de las primeras y más exitosas misiones de Texas se establecieron allí. San Antonio se convirtió en el baluarte de la ocupación española de todo el país».47 Es lamentable que Olivares, envejecido y tras sufrir la fractura de una pierna, se retirara de San Antonio en 1720 y nunca pudiera ser testigo de la magnitud que tendría su éxito en los años siguientes. Aunque, una vez curada su pierna, Olivares supervisó el traslado de la misión a su ubicación actual, y se supone que después se retiró a su antiguo hogar, el Colegio de Querétaro.

La historia de la misión de San Antonio de Valero es apasionante por su complejidad. Debido, una vez más, a la naturaleza de su éxito, la zona atrajo no solo más misiones, sino también a miles de residentes. Sin embargo, las primeras formas de la misión poco se parecían a lo que hoy reconocemos como «El Álamo».

Cuando el padre Olivares hizo renacer inicialmente la misión de San Francisco de Solano en la región de San Antonio, los edificios no se construyeron con un sentido de permanencia. Construida en un principio como las del este de Texas, con madera y paja, la misión fue trasladada no menos de tres veces antes de asentarse en su emplazamiento actual. De hecho, solo en los últimos años (a partir de 2013), los equipos arqueológicos con la ciudad de San Antonio han descubierto lo que algunos se refieren como el «posible primer sitio de la misión de San Antonio de Valero». Este sitio está directamente sobre, o bajo, el complejo de edificios de la Sociedad Italiana Cristóbal Colón. En las muestras de testigos se han encontrado cuentas de comercio de la época colonial española, algunos fragmentos de cerámica de la época e incluso algunos trozos de hierro de entonces. Sin embargo, debido a que la construcción de los edificios de la Sociedad y del aparcamiento puede haber alterado o desplazado algunos artefactos, se necesita más trabajo para confirmar la hipótesis de que el padre Olivares estableció por primera vez su misión en este lugar.

47 James Wakefield Burke. *Missions of Old Texas*, 122.

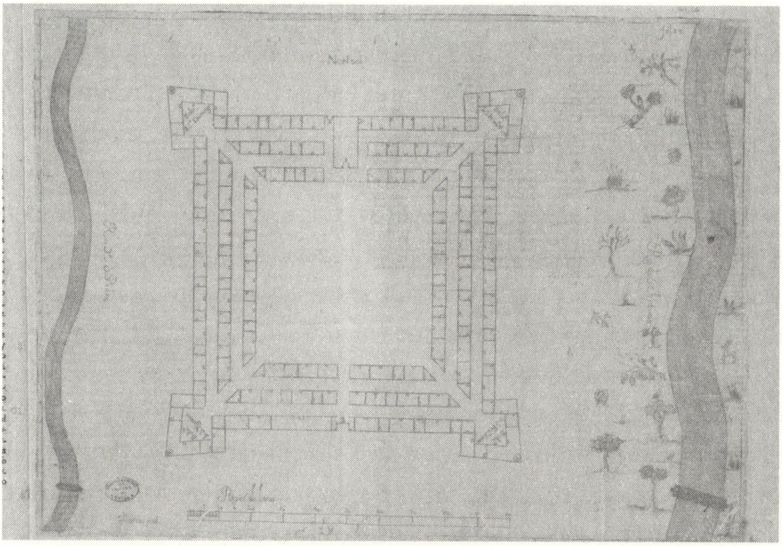

España. Ministerio de Cultura. Plan del presidio de San Antonio de Bejar, siglo XVIII. *Archivo General de Indias: MP- Mexico 118 BIS.*

En 1724, una tormenta huracanada destruyó casi todas las estructuras de la misión y, una vez más, las enfermedades europeas diezmaron a la población nativa en 1739 y 1940. Sin inmutarse, los misioneros colocaron la primera piedra de la actual «Iglesia del Álamo» el 8 de mayo de 1744. Pero esta obra original se parece muy poco a lo que aún se conserva. Según de Zavala, el primer intento de estructura permanente fue una «bonita iglesia con sus torres gemelas, tejado arqueado y graciosa cúpula, que se terminó por completo hacia 1757».[48] De hecho, de los registros se desprende que el plan arquitectónico de la misión de San Antonio de Valero era muy ambicioso. La iglesia, tal y como se ve hoy en día, es solo un poco más de un tercio de lo que los planes preveían originalmente. Si se hubiera completado, solo la fachada de la iglesia en sí se habría parecido mucho a la misión Concepción (otra misión de la zona de San

48 Adina de Zavala. *History and Legends of the Alamo and Other Missions in and around San Antonio.* (San Antonio, 1917), 10, Disponible en http://archive.org/details/historylegendsof00zava

Antonio), con torres gemelas, una a cada lado de las puertas principales y una nave abovedada. Además, debía haber un tercer piso en el que se colocaría un icono de Nuestra Señora de la Inmaculada Concepción. En cambio, la fachada actual de la iglesia solo muestra cuatro nichos, dos en el primer piso y dos en el segundo, donde antes había estatuas de otros santos. En el primero, a cada lado de las puertas del portal, se encontraba la escultura de Santo Domingo en el nicho de la derecha y una escultura de San Francisco a la izquierda. Arriba, en el segundo piso, las estatuas de Santa Clara y Santa Margarita ocupaban esos nichos. Aunque, como señala el historiador del arte Quirarte, «según un viajero anónimo (1837), las esculturas de los nichos que flanquean la puerta del portal principal seguían en su sitio un año después de la famosa batalla de El Álamo».[49] Los viajes de inspección de los franciscanos constataron la belleza de estas primeras formas de la fachada de la misión. El padre Sáenz, en 1772, y luego el padre Mofi, en 1778, escribieron informes detallados sobre la originalidad y la creatividad del trabajo en piedra, así como sobre el aspecto general. Lamentablemente, debido a lo que el padre Morfi[50] describió como «la estupidez del constructor», gran parte de esta primera obra se derrumbó literalmente sobre sí misma, dejando solo la parte inferior de la iglesia tal y como la conocemos hoy. Curiosamente, la clave de bóveda, situada justo en el centro de las puertas principales, el monograma de la Virgen María, aún conserva su lugar original, AVMR (*Ave Maria*, en latín).

49 Jacinto Quirarte. *The Art and Architecture of the Texas Missions.* (Austin: University of Texas Press, 2002), 55

50 *Morfi* es una forma hispanizada de *Murphy*. Al igual que O'Connor, el padre Morfi nació en Galicia, pero provenía de padres irlandeses que habían abandonado Irlanda por las mismas razones religiosas que O'Connor y tantos otros.

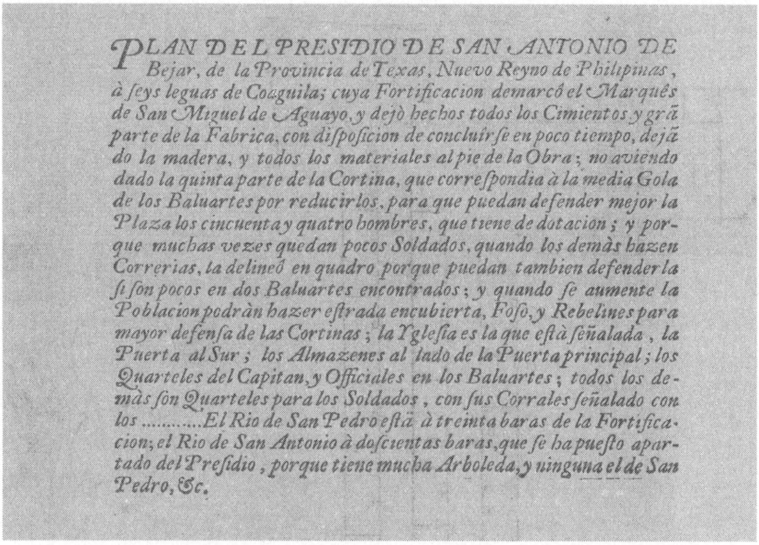

PLAN DEL PRESIDIO DE SAN ANTONIO DE Bejar, de la Provincia de Texas, Nuevo Reyno de Philipinas, à ſeys leguas de Coaguila; cuya Fortificacion demarcó el Marquès de San Miguel de Aguayo, y dejò hechos todos los Cimientos y grã parte de la Fabrica, con diſpoſicion de concluirſe en poco tiempo, dejã do la madera, y todos los materiales al pie de la Obra; no aviendo dado la quinta parte de la Cortina, que correſpondia à la media Gola de los Baluartes por reducirlos, para que puedan defender mejor la Plaza los cincuenta y quatro hombres, que tiene de dotacion; y porque muchas vezes quedan pocos Soldados, quando los demàs hazen Correrias, la delineó en quadro porque puedan tambien defenderla ſi ſon pocos en dos Baluartes encontrados; y quando ſe aumente la Poblacion podràn hazer eſtrada encubierta, Foſo, y Rebelines para mayor defenſa de las Cortinas; la Ygleſia es la que eſtà ſeñalada, la Puerta al Sur; los Almazenes al lado de la Puerta principal; los Quarteles del Capitan, y Officiales en los Baluartes; todos los demàs ſon Quarteles para los Soldados, con ſus Corrales ſeñalado con los .... El Rio de San Pedro eſtã à treinta baras de la Fortificacion; el Rio de San Antonio à doſcientas baras, que ſe ha pueſto apartado del Preſidio, porque tiene mucha Arboleda, y ninguna el de San Pedro, &c.

España. Ministerio de Cultura. Descripción del plan del presidio en el reverso. *Archivo General de Indias: MP- Mexico 118 BIS.*

El historiador Burke definió sucintamente la extensión de la misión hace unas décadas cuando escribió:

> «Las fortificaciones originales que rodeaban la misión y el pueblo tenían poco en común con los tímidos muros que se ven hoy en la plaza del Álamo [en la ciudad de San Antonio]. La original se extendía hacia el norte por la calle Houston, encerrando parte del solar del Edificio Federal, y hacia el sur hasta la calle Crockett; llegaba al este hasta más allá de la calle Nacogdoches, y se extendía hacia el oeste por la plaza del Álamo hasta las orillas del río San Antonio (que en aquella época corría paralelo a la muralla). Se trataba, pues, de una de las mayores misiones de Texas [...]. También era una de las mejor fortificadas».[51]

Una vez que la misión ocupó su emplazamiento actual, comenzaron las construcciones permanentes. Habiendo aprendido la lección de los anteriores fracasos estructurales, los frailes extrajeron

51 James Wakefield Burke, 142.

la roca del río cercano. De hecho, un brazo del río San Antonio fluía directamente detrás del muro sur del complejo, permitiendo el acceso directo tanto a la roca como al suministro de agua para lavarse y bañarse. Se excavó un pozo dentro del perímetro amurallado en caso de asedio y un acueducto o acequia para ayudar a dirigir la riqueza del río hacia los cultivos y el ganado. De hecho, esta acequia estuvo en uso hasta bien entrado el siglo XIX y, para entonces, ya había adquirido el nombre de *Álamo Madre*. Cuando la ciudad empezó a expandirse, la roca utilizada para el acueducto fue arrancada y utilizada como material de construcción.

Se construyó un convento (del que hoy se conserva una pequeña parte a lo largo del muro del *cuartel*), se construyeron habitaciones para albergar áreas de trabajo para telares y herrería, un granero y otras áreas para almacenamiento y fabricación de tejas alrededor de los terrenos. Además, se incluyó un rancho justo al sur de la misión llamado *La Mora*, presumiblemente debido a las moras silvestres de la zona. La extensión de los alrededores de la misión no solo habla de las aspiraciones de los franciscanos, sino también del crecimiento de la zona. Esta nueva misión iba a albergar a los religiosos, militares, familias españolas, así como nativos americanos de las tribus zanas, cocos, tovs, karankawa y payayes. Con el tiempo, otras tribus nativas, según algunas fuentes más de 100 grupos, también residirían muy cerca del complejo. Y, como ya se ha mencionado, los franciscanos, en un esfuerzo por minimizar las posibles luchas internas entre las distintas tribus, animaron a los nativos a casarse entre sí, matrimonios que están bien documentados en los numerosos y meticulosos registros que guardaban los frailes. Estos matrimonios también tenían la ventaja de mantener a las parejas recién casadas y a sus familias vinculadas al sistema de misiones. Sin embargo, a pesar de contar con tanto personal, recursos y atención, la misión de Valero nunca llegó a completarse estructuralmente; los planes mejor trazados de sus arquitectos nunca llegan a realizarse del todo.

La misión Valero prosperó durante las siguientes décadas. A pesar de las frecuentes —y a veces graves— incursiones apaches, la misión se mantuvo firme. Como la mayoría de los esfuerzos españoles en Texas, el declive de Valero comenzó desde dentro. Como ya se ha mencionado, la expulsión de los jesuitas causó una gran preocupación en todo el trabajo de la Iglesia en América. Durante algún tiempo, los jesuitas se habían ocupado de las misiones de la baja y la alta California. Tras su traslado a Europa, se pidió a los sacerdotes del Colegio de Querétaro que se hicieran cargo del mantenimiento de las misiones jesuitas en el oeste. Por supuesto, cumplieron pero ahora estaban obligados a, a su vez, solicitar que los sacerdotes del Colegio de Zacatecas se hicieran cargo de las misiones de Texas que, hasta ese momento, habían estado bajo la supervisión de Querétaro. Así, en 1773, las misiones de la zona de San Antonio pasaron a depender del colegio de los misioneros zacatecanos. Durante los siguientes veinte años, la ciudad de San Antonio floreció, al hacerlo, la población indígena de la misión Valero disminuyó. Fue así que en 1793, a petición del Colegio de Zacatecas, la misión Valero y sus tierras, fueron secularizadas. Las obligaciones religiosas fueron entregadas a la iglesia de San Fernando[52] y las tierras, animales, etc. se repartieron entre los nativos americanos de la zona. Lo que siguió fue la desaparición gradual de la estructura original, tanto por el abandono general como por la reutilización de los materiales para otras construcciones más nuevas. Además, la catedral de San Fernando, que aún hoy es un icono de la ciudad, ya estaba en funcionamiento y muchos de los ciudadanos acudían a este edificio para su edificación religiosa en lugar de a la cercana misión.

52 Esta iglesia había sido construida entre 1738 y 1748. Durante su construcción, las familias españolas habían tomado misa en Valero.

Fachada actual de la misión Valero (también conocido como el Álamo). *Imagen disponible en Internet e incluida de conformidad con el título 17 U.S.C. sección 107.*

Hasta ahora, el término «Álamo» se ha evitado porque ese apelativo es un añadido posterior a todo lo descrito anteriormente. Como describió Quirarte:

> «La antigua misión se conoce como El Álamo desde 1802, cuando se acuartelaron allí tropas procedentes de México. Pertenecían a la *Segunda Compañía Valante* de San Carlos de Parras del Álamo. El nombre de la antigua misión pasó a ser *Pueblo San José y Santiago del Álamo.* El Álamo sirvió como fortaleza militar desde 1802 hasta 1836, cuando tuvo lugar el último de los asedios entre el ejército mexicano y los colonos angloamericanos».[53]

Como ya se ha señalado, la misión Valero nunca llegó a completarse. Y ahora, en el siglo XIX, la posesión de la extensa propiedad empezó a causar problemas dentro de la comunidad de San Antonio; la misión fue literalmente engullida por el crecimiento de la ciudad. Poco a poco, solo quedaban la capilla y partes de los muros defensivos. Como señala Schoelwer:

53 Jacinto Quirarte, 51-52

«En la actualidad, gran parte del recinto de la misión yace enterrado bajo las calles y los edificios de la ciudad y solo queda al descubierto de forma ocasional y fragmentaria gracias al trabajo arqueológico de campo. San Antonio de Valero perdió su identidad como complejo integrado durante el siglo XIX. El ejército de Estados Unidos ocupó el lugar en 1846, lo que provocó una triple controversia sobre la titularidad con la ciudad de San Antonio y la Iglesia católica».[54]

Fue durante la ocupación del lugar por el ejército cuando, en 1850, se añadió el famoso frontón de la capilla. No es difícil discernir la línea de demarcación que separa la parte inferior de la mampostería original de la parte más nueva y restaurada. Afortunadamente, la parte original que nos queda es un maravilloso ejemplo de la dedicación de los franciscanos, no solo a su fortaleza, sino también a su arte.

La conciencia de que había que tener cuidado con la conservación de la misión de Valero comenzó a finales del siglo XIX. Durante varios años, la polémica se centró en el convento, presumiblemente porque tenía un aspecto sencillo y, desde una perspectiva mercantil, estorbaba al progreso. Afortunadamente, los esfuerzos de conservación tuvieron éxito, principalmente gracias a una tal Clara Driscoll, quien, en 1905, compró la propiedad, tras muchas discusiones con los propietarios de un gran negocio de dos plantas que se había construido justo al lado de la capilla (y, en los terrenos de la misión), y cedió su gestión a las Hijas de la República de Texas (DRT), una organización creada en 1891 dedicada a preservar la historia primitiva del centro de Texas. La DRT sufrió sus propios problemas al intentar restaurar los terrenos de la misión. Sin embargo, fue esta organización la que reclamó el derecho sobre los terrenos que rodeaban la iglesia y comenzó a retirar las estructuras no históricas a principios del siglo XX. Fue entonces, gra-

54 Susan Prendergast Schoelwer. San Antonio de Valero Mission, *Handbook of Texas Online*, Consultado el 10 de junio de 2016. Disponible en http://www.tshaonline.org/handbook/online/articles/uqs08.

cias a la WPA (The Works Progress Administration)[55],en la década de 1930, al igual que otras innumerables obras de construcción en todo el país en aquella época, cuando se llevó a cabo gran parte del trabajo de restauración de los muros de la misión.

Intentar comentar o incluso explicar la larga y compleja trayectoria de la misión de Valero desde 1900 hasta la actualidad sería un libro en sí mismo, ya que es un laberinto de oposición y politización. Baste mencionar que la b*arraca larga* fue restaurada y convertida en museo en 1968, cuando San Antonio acogió la Hemisfair. Los trabajos de restauración continuaron hasta hace muy poco y, en cierto sentido, siguen en curso. Ahora, desde 2011, la propiedad de la propiedad es la Oficina General de Tierras de Texas y es la única misión de las cinco en la región de San Antonio que es propiedad del estado de Texas. En 2015, la misión de San Antonio de Valero fue incluida en la Lista del Patrimonio Mundial de la Unesco.

---

55 La WPA es la Administración para el Progreso de las Obras, un programa federal creado por el presidente Franklin Roosevelt en 1935 con el fin de reducir el desempleo rampante.

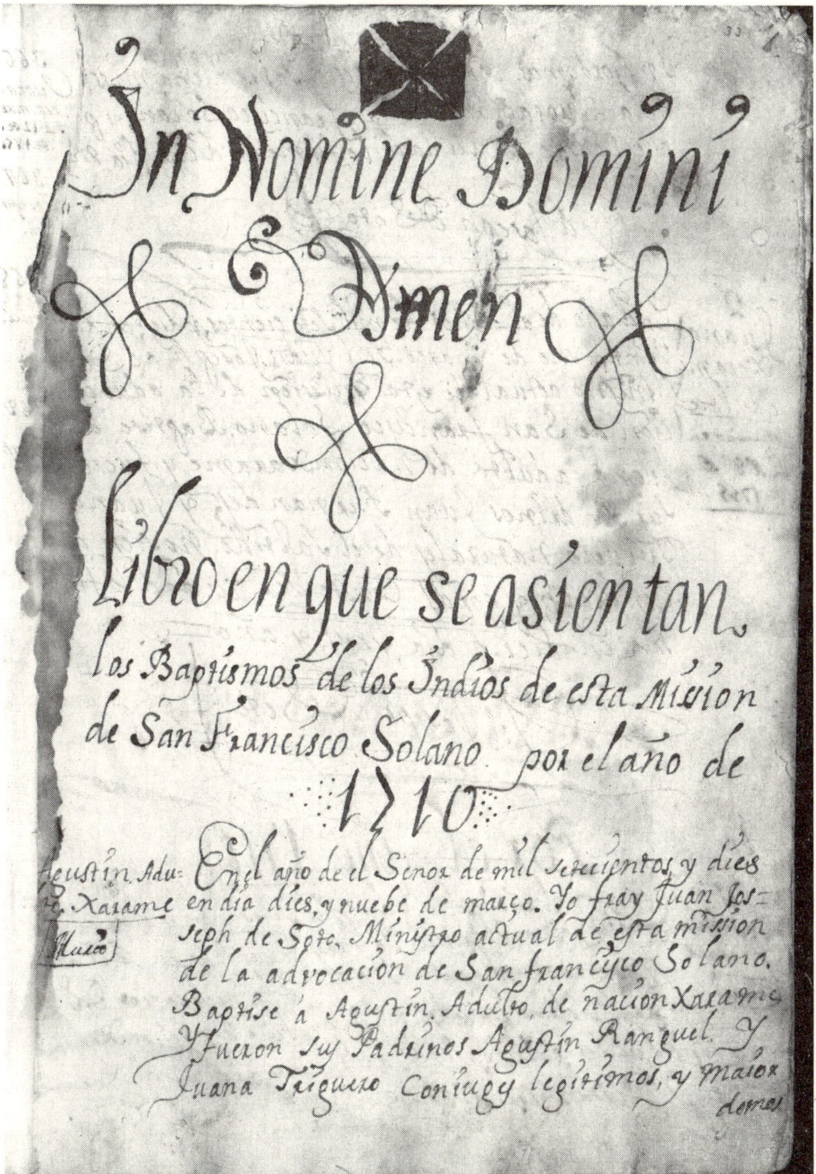

Portada del registro de bautismos de la misión Solano de 1710. *Cortesía de los archivos católicos de San Antonio, Texas.*

Dos años después del primer establecimiento de la misión de San Antonio de Valero, el padre Antonio Margil de Jesús, Custos o presidente del Colegio de Zacatecas, fundó la misión de *San José y Miguel de Aguayo* a lo largo del río San Antonio en 1720. Según algunas fuentes, esta misión se estableció por dos razones: la primera fue que otras tribus nativas americanas (los pampopas y pastías, principales entre algunos otros) en la región de San Antonio eran hostiles a los de Valero y pidieron a Aguayo una misión propia, y, en segundo lugar, la nueva misión sirvió de consuelo para el éxodo de aquellos nativos y españoles del este, después del «ataque» francés (la *Guerra de los Pollos*). Su ubicación, tal y como dictaban las leyes españolas para mantener alejadas a las tribus en guerra, estaba a poco más de tres leguas al sur de Valero. Una vez más, el padre Isidro Félix de Espinosa en su *Crónica* detalla que la fundación de San José fue, en la mente de los franciscanos, al menos, un resultado directo del avance francés hacia el este de Texas:

> «... el año de [17]16 y [17]17 se fundaron tres misiones, que hoy perseveran en el centro de los Texas y están a cargo del sobredicho Colegio [i.e., Zacatecas]. Cuando todos nos retiramos por la invasión de los franceses, se fundó en las orillas del río de San Antonio la misión del Señor San José, que persevera...».[56]

Al igual que Valero, San José fue trasladada dos veces alrededor del área del río San Antonio antes de ser fundada permanentemente en su área actual en 1740. Como en todas las misiones de la región de San Antonio, el curso del río fue determinante en el establecimiento de estas misiones, es decir, que la gran necesidad de cual-

56 Fray Isidro Félix de Espinosa, *Crónica de los Colegios de Propaganda Fide de la Nueva España* (Washington D.C., 1964), 812. Consultado el 08/08/2024. Disponible en https://archive.org/stream/cronicadeloscole00espi#page/n11/mode/2up

quier misión de contar con una fuente constante de agua dulce fue esencial a la hora de decidir su ubicación.

El nombre de la misión de San José y Miguel de Aguayo es muy sencillo. San José, el esposo bíblico de María, es el patrón —quizá extrañamente— del lecho de muerte, así como de la rosa, que se señala como emblema de la relación entre él y su esposa. San Miguel es, por supuesto, el Arcángel que tendrá el dominio final y la victoria sobre Satanás al final de nuestro tiempo. Su autoridad omnipresente, como vimos en la misión del Socorro de El Paso, es una presencia indispensable entre los fieles. La inclusión de Aguayo (al igual que Valero) es un honorífico para el marqués de San Miguel de Aguayo que concedió permiso al padre Margil para la fundación de la misión.

Los primeros registros de bautismos, matrimonios, etc. se perdieron. Las primeras cuentas de San José atribuyen aproximadamente 230 nativos americanos, de varias tribus diferentes, a esta nueva misión. El cuidado de estos y de la iglesia pasó a manos del padre Miguel Núñez de Haro, el mismo fraile que había intentado llevar los suministros que se necesitaban desesperadamente a las misiones del este de Texas, pero que se vio obligado a dejarlos escondidos en una arboleda debido a la imposibilidad de cruzar el crecido río Trinity. El padre Núñez trasladó la misión de San José dos veces: la primera, probablemente para mejorar el riego, y la segunda, a un terreno más elevado, a menos de media legua de distancia, después de que otra epidemia asolara a la población en 1739. Fue después de este horror que los franciscanos comenzaron a construir San José con urgencia.

Misión San José y Miguel. *Imagen cortesía de autor.*

La misión de San José y San Miguel de Aguayo, tal como es hoy, se inició cuando el padre Pedro Ramírez de Arellano fue puesto a cargo de la misión en 1759. Como la mayoría de los franciscanos encargados de esta misión, el padre Ramírez fue presidente del Colegio de Zacatecas durante este tiempo. La construcción del sitio actual se inició en 1768 y muchos de los objetos sagrados de la primera iglesia fueron reutilizados para la nueva. Como observó Quirarte, «el retablo mayor de la nueva iglesia tenía una escultura de San José en un "nicho antiguo" sobre un tabernáculo tallado y dorado. Tanto su diadema como su báculo eran de plata. El nicho en el que estaba colocado San José tenía una pequeña cenefa de tafetán y otra de algodón estampado con flecos. Ambas estaban adornadas con encaje en el lugar donde se fijaban a la hornacina. Por primera vez se menciona un pequeño baldaquino utilizado para coronar el altar y, en su interior, una escultura de Cristo crucificado con una base con incrustaciones de hueso».[57]

57 Jacinto Quirarte, 70

Al igual que la misión de Valero, situada a solo una legua y media al norte, el recinto de la misión de San José era amplio y estaba construido con una expresión única de permanencia. La misión no solo ilustraba una maravillosa iglesia con un convento de dos pisos para las religiosas, sino que los terrenos circundantes estaban compuestos por viviendas para los guardias españoles, una armería, apartamentos para los neófitos, un granero, celdas para carpinteros, telares y otros trabajos textiles e incluso un espacio para la producción de convertir la caña de azúcar en melaza. Según Burke, este fue «el primer registro de que se hiciera azúcar a partir de la caña de azúcar en Texas». En total, no es de extrañar que la misión de San José se haya ganado el sobrenombre de *La Reina de las Misiones*. La fachada, con su único campanario a la derecha de las puertas del portal, es única en las misiones de la región. Asimismo, los elaborados detalles de las esculturas que rodean y sobrepasan las puertas de la fachada han sido descritos como elegantes, maravillosos, ricos, exquisitos, una alegría para siempre y atrevidos en su ornamentación. De hecho, incluso detrás de la nave abovedada de la iglesia hay un camino enclaustrado que seguramente ofrecía a los que estaban dentro una sensación de calma y fortaleza mientras caminaban de la misa a las tareas del día. Los arcos que cubren este camino están tan perfectamente alineados que recuerdan a los arbotantes que se extienden detrás de Notre Dame en París. Parece que no se escatimaron medios para equipar esta nueva misión. Una vez más, como señala Burke, «todo estaba dispuesto para la comodidad de los nuevos cristianos. En esta moderna misión se logró otra primicia para Texas, cuyas maravillas habrían asombrado a los barones del ganado de una época muy posterior. Había una piscina para los neófitos. El agua se traía del río por medio de un canal de gravedad que fluía a lo largo de las casas, de allí a la piscina y de allí a los campos colindantes, donde no se desperdiciaba sino que se utilizaba para regar. Cerca de los alojamientos de los soldados había una segunda piscina, un precedente temprano de las prácticas de segregación».[58]

58 James Wakefield Burke, 96

La iglesia de San José es tan impresionante hoy como lo era a finales del siglo XVIII. Al igual que en el presidio de La Bahía, fue la iglesia de San José la que resistió la mayor parte de las agresiones del hombre y de la naturaleza a lo largo de los años. Se han reconstruido los muros defensivos y de cerramiento, así como el antiguo molino situado en el exterior del muro norte, e incluso la torre sur, que se derrumbó a principios del siglo XX, fue reconstruida rápidamente (un esfuerzo que incluyó la ardua restauración de la parte del fresco original que aún puede verse hoy en día). A pesar de todo, la iglesia ha permanecido relativamente estable e intacta. Las tallas ornamentales que rodean las puertas del portal y la ventana de la sacristía, en particular, son impresionantes. Los fastuosos adornos de rosas (símbolo del vínculo entre José y María) que rodean la ventana de la sacristía, los nichos festoneados bajo las estatuas de los santos y sobre algunas de las puertas interiores y las fuentes, junto con el fastuoso uso de la hoja de acanto (que también puede verse en la antigüedad romana adornando los capiteles de las columnas corintias) son ejemplos maravillosos del periodo barroco. En los últimos años se ha discutido qué artista esculpió la ventana y la entrada del portal.

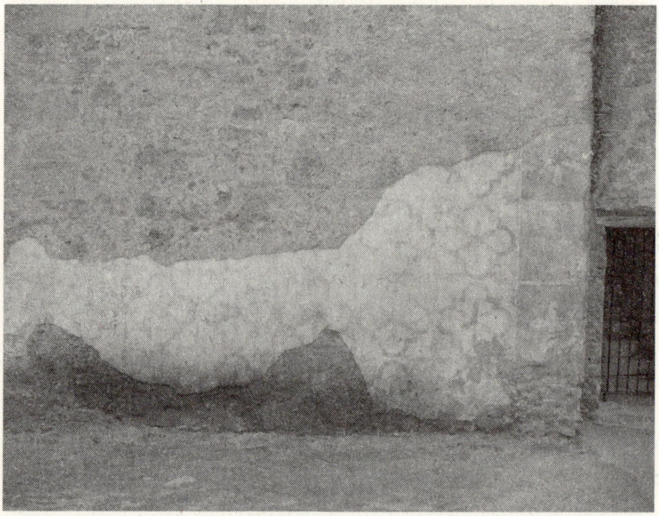

Segmento del fresco original en la torre sur. Imagen cortesía de autor.

Durante más de dos siglos, esta extraordinaria ilustración de albañilería se ha atribuido a Pedro Huízar, escultor español, agrimensor y empleado cívico del Gobierno colonial español. En 2016, este escritor tuvo el placer de hablar con Vincent Huízar, descendiente de sexta generación de don Pedro Huízar. El Sr. Huízar había traído consigo una serie de documentos que indicaban que su familia había vivido en las inmediaciones de la misión de San José desde mediados del siglo XVIII, cuando su tatarabuelo Pedro fue contratado como arquitecto jefe de la misión. Entre los numerosos papeles y documentos, había varios que indicaban cuentas de materiales de construcción requisadas o desglosadas por Pedro Huízar y firmadas, en aquella época, con la rúbrica o floritura común que acompañaba a todas las firmas. Los papeles del Sr. Huízar también contenían varios artículos relacionados con otros miembros de la familia del siglo XIX. Entre ellos se encontraban dos formularios de *Lista de la Compañía* de 1862 en los que Juan y Vicente Huízar se alistaban en la Compañía B, 4º Batallón de la Brigada de Arizona (que también se denominaba, en ocasiones, Batallón de Davidson de Caballería de Texas) del Ejército Confederado. Los documentos indican que ambos jóvenes se alistaron el mismo día y por la misma duración del servicio: del 20 de septiembre al 31 de diciembre de 1862. La lápida en los terrenos de San José es, de hecho, este mismo Huízar, Juan De Dios Huízar, que era uno de los nietos de Pedro; un hombre tan íntimo con la misión de San José que no solo es la misión su lugar de descanso final, sino que, según el Sr. Huízar, nació en el granero de la misión en 1833.

La familia Huízar remonta su linaje al nacimiento de Pedro Huízar en España en 1740. Durante esos años de su vida, don Pedro participó activamente en la colonización española de la región de Texas. Llegado a Nueva España en 1774 (probablemente a Vera Cruz como tantos otros), don Pedro fue *siervo* de los franciscanos y trabajó como escultor y carpintero en las misiones de San Antonio y Goliad. Además de las increíbles esculturas de piedra de San José, se cree que don Pedro también participó en el trabajo de piedra y carpintería de Concepción, realizó trabajos de topografía en los alrededores de Valero, San José, Concepción y Espíritu Santo, ayudó a desglosar los materiales de todas las misiones de la región tras su secularización e incluso fue juez municipal de la zona de San José en sus últimos años. No es de extrañar que el Gobierno español concediera a don Pedro, según el Sr. Huízar, 200 acres de tierra en cada una de las misiones en las que trabajó. Algunas de estas tierras fueron legadas a su familia y, de nuevo según el Sr. Huízar pero fácilmente verificable al observar las firmas falsificadas de don Pedro en antiguas escrituras de propiedad, otras extensiones fueron tomadas en lo que solo podría considerarse una apropiación de tierras en el caos posterior a la guerra civil americana. De hecho, Mary Maverick en sus famosas memorias sobre los primeros años de vida de su familia en la zona de San Antonio recuerda que, en 1838, su familia vivía en una casa propiedad de los Huízar: «La casa que alquilamos pertenecía a los Huízar. Huízar, el antepasado, talló las hermosas puertas para la misión de San José. Tenía un buen número de obreros a sus órdenes y estuvo empleado varios años en el trabajo».[59]

Nadie puede estar seguro de si la Sra. Maverick se refería solo a las puertas del portal de la misión (que, según los relatos, eran de madera, meticulosamente talladas y robadas de sus bisagras en algún momento entre 1880 y 1890), o a toda la estructura de la puerta que podría incluir el fantástico trabajo en piedra alrededor de las puertas. En cualquier caso, es cierto que don Pedro y su familia residieron en la región de San José desde casi el comienzo del trabajo de los franciscanos en la misión de San José, y que él y sus hijos y nietos estuvieron muy involucrados con la construcción y el mantenimiento diario de las misiones en las regiones de San Antonio y Goliad.

El otro artista al que se atribuyen las extravagantes tallas de San José es Antonio Salazar, quien, según Schuetz-Miller, figura en los primeros registros de la misión como *Maestro masón y arquitecto de San José.* La misma fuente cita a Huízar como «carpintero de San José

59 Mary A.Maverick, *Memoirs of Mary A. Maverick* (San Antonio, 1921), 22. Disponible en https://archive.org/stream/memoirsmarymav00mavegoog#page/n8/mode/2up

y San Miguel de Aguayo y San Fernando de Austria, agrimensor y figura política».[60] Aunque la información de Schultz-Miller procede tanto de archivos como de fuentes publicadas, parece incierto que Salazar deba figurar como el albañil responsable del rosetón y de la ornamentación de las puertas del portal simplemente porque figura una vez como *maestro*. En esta época, era común referirse a un trabajador como *siervo*, como en «siervo del Señor», o *maestro*, como en «instructor de otros en el oficio». De los registros existentes se desprende que Pedro Huízar llegó a la zona de San Antonio unos años antes que Salazar, en algún momento de 1775, procedente de Aguascalientes (México), ciudad muy conocida, entonces y ahora, como refugio de artistas. De joven, Pedro Huízar habría visto y estudiado las grandiosas iglesias barrocas de Aguascalientes, y no es difícil darse cuenta de la influencia que este centro cultural debió tener en el joven artista en formación. La imaginería barroca estándar de ángeles, hojas de acanto y flores era inherente al género y Huízar la trajo al Nuevo Mundo.

Las demás razones para atribuir a Huízar la ventana y otras decoraciones de San José son todas circunstanciales pero, en conjunto, son convincentes. Pedro llegó, como se ha dicho, en 1775 a la región de San Antonio. La primera mención de Antonio Salazar data de 1781, donde él y su esposa figuran como padrinos de una de las hijas de Huízar. En segundo lugar, el antepasado actual de Pedro Huízar tiene el beneficio de la tradición oral dentro de su propia familia, una familia que ha vivido a un par de kilómetros de la misión durante más de 250 años. Si se tiene en cuenta que la *Ilíada* y la *Odisea* de Homero se transmitieron oralmente durante un par de siglos antes de ser finalmente escritas, no es difícil imaginar que dentro de la propia familia una misma historia pueda permanecer incorrupta durante aproximadamente el mismo tiempo. Y, por último, en un informe de 1936 sobre la misión de San José y San

---

60 *Biofile of Building Artisans who Worked on the Northern Spanish Borderlands of New Spain and Early Mexico*. (Tucson), recopilado por Mardith Schuetz-Miller para National Parks Service.

Miguel de Aguayo realizado por el Servicio de Parques Nacionales como parte de un *Estudio de Edificios Históricos Americanos*, se lee: «Arquitecto: Pedro Huízar, y Constructor: Los frailes franciscanos e indios bajo la dirección de Pedro Huízar».

Una parte de la tradición de la familia Huízar también es muy convincente para la historia. En primer lugar, el Sr. Huízar dice que la historia del rosetón es cierta: se llamó así por una joven llamada Rosa Monterrey. Era la prometida de Pedro, pero murió cuando su barco naufragó frente a la costa de Vera Cruz cuando venía de España para casarse con él. La ventana se convirtió en una ofrenda de su amor a la joven a la que siempre se le negó la satisfacción de ver esta muestra de su afecto; la mujer que se perdió tanto para el mar como para su amante. Luego, como mencionó el Sr. Huízar, en las primeras excavaciones de los años 30, se encontraron restos humanos enterrados justo dentro de la iglesia, bajo la ventana de la sacristía. Estos restos se volvieron a enterrar a otros seis pies de profundidad y se dejaron justo debajo de donde se encontraron; el Sr. Huízar afirma que se trata de su antepasado. Tal vez lo más convincente de todo sea la afirmación del Sr. Huízar de que en los años sesenta, mientras él y su padre observaban a los restauradores trabajar en el rosetón, uno de los trabajadores exclamó que las marcas de las herramientas sobre y alrededor del ventanal habían sido creadas con herramientas para trabajar la madera, las de un carpintero, no las de un albañil. Le pregunté al Sr. Huízar, por última vez, para mayor claridad y certeza, si estaba seguro de sus afirmaciones sobre este antepasado, si Pedro Huízar había sido realmente el progenitor de todo este magistral trabajo alrededor de las misiones. Sonrió, luego se rió; ha hecho sus investigaciones, afirmó. Además, añadió, «¡no empezamos esta historia hace solo cincuenta años!».[61]

61 Vincent Huízar, en discusión con el autor, junio de 2016.

Detalle de la entrada principal misión San José y Miguel.
Imagen cortesía de autor.

En cualquier caso, la obra de San José es una increíble demostración de esfuerzo, determinación y habilidad. Es una bendición para todos nosotros que el arte del artista se haya mantenido, no solo a pesar de las pruebas de la erosión y el abandono, sino también del pueril regocijo de algunos soldados del siglo XIX al utilizar las estatuas, y otros puntos focales de la mampostería, como tiro al blanco.

En 1777, fray Juan Agustín Morfi hizo una visita formal por toda la región con Teodoro de Croix, el recién elegido comandante general de las Provincias Internas (una enorme y recientemente regulada extensión de tierra que incluía Coahuila, Texas, Nuevo México, Sonora y Baja y Alta California, se razonaba que tal agrupación mejoraría las maquinaciones políticas de la región). Morfi, que visitó San José en enero de 1778, documentó esta expedición en su *Historia de Texas*, una obra fundamental centrada no sólo en las misiones y sus condiciones, sino también en el campo y en las diversas tribus nativas americanas con las que su grupo entró en contacto. En San José, Morfi identificó más de veinte de estas tribus y describió cómo la labor evangélica de los franciscanos se vio obstaculizada por los muchos dialectos diferentes que hablaban los nativos. Sin embargo, el padre Morfi quedó muy impresionado por la calidad del trabajo en la misión, tanto religioso como temporal. Morfi escribió que uno de sus propios compatriotas, por así decirlo, tomó parte en el establecimiento de la estructura permanente que vemos hoy: «La primera piedra fue colocada por Hugh O'Conor [o Hugo Oconnór, nombrado gobernador de Texas en 1767] el 19 de mayo de 1768». Además, Morfi añade que la misión de San José es una de las más extraordinarias que ha visto en su mandato: «Es, en verdad, la primera misión de América, no en cuanto a tiempo, sino en cuanto a belleza, plan y fortaleza, de modo que no hay un presidio en toda la línea fronteriza que pueda compararse con ella».

Morfi también comenta el trabajo de albañilería de la fachada de la iglesia, señalando en primer lugar qué tipo de piedra se utilizó, e incluso de dónde se extrajo la roca: piedra caliza extraída de la ribera del río cerca de la misión Concepción. Añade que la fachada es muy costosa debido a toda la elaborada decoración y las estatuas de los santos; sin embargo, parece tener más admiración por el arte de la obra que por el gasto cuando escribe: «nadie podría haber imaginado que hubiera tan buenos artistas en un lugar tan desolado». Un comentario interesante, ya que los franciscanos habían pagado el viaje, la formación y la importación de sus propios trabajadores. Sin embargo, es probable que Morfi estuviera comentando el trabajo de los estudiantes indios de Huízar.

Altar mayor de San José y Miguel. *Imagen cortesía de autor.*

El padre Morfi describe la misión de San José con gran detalle, desde su tamaño hasta el inventario de todo lo necesario para sus esfuerzos eclesiásticos. Casi al final de su informe sobre esta misión, profundiza, por fin, en el corazón del propósito de la misión y, de hecho, en el propósito para sí mismo y para todos sus hermanos:

«La misión se fundó con pampas, mesquites y pastias a los que más tarde se añadieron camanas, tacames, cannes, aquastallas y juanes. Estos nativos están hoy bien instruidos y civilizados, y saben trabajar muy bien en sus oficios mecánicos y dominan algunas artes. Hablan perfectamente el castellano, con excepción de los que diariamente son traídos del bosque por el celo de los misioneros. Muchos tocan bien el arpa, el violín y la guitarra, cantan bien y bailan las mismas danzas que los españoles. [... Los indios] que gozan de tanta abundancia, y cuya misión está en la opulencia, gracias a los trabajos y esfuerzos de fray Pedro Ramírez de Arellano del Colegio de Nuestra Señora de Guadalupe de Zacatecas...».[62]

Sobre la pieza escultórica más famosa de la misión, Habig señala que «el padre Morfi no menciona el llamado rosetón, que es el marco ornamental exterior de la ventana sur de la sacristía. Probablemente se esculpió una vez terminada la iglesia, en 1782».[63] En ese mismo año el número de americanos indígenas reunidos en la misión de San José era menos de la mitad de lo que había sido apenas veinte años antes. Los registros indican que en 1768, más de 350 neófitos disfrutaban de la comodidad y el cobijo de la misión. En 1789 ese número había descendido a unos 140, muy probablemente debido a otro brote de viruela, la inflamación de los ganglios linfáticos, normalmente de la parte superior interna del muslo, causada por la peste bubónica, la sífilis, la gonorrea o la tuberculosis.

Durante estas pocas décadas de crecimiento de la misión, la zona de San Antonio, a pocos kilómetros al norte, había crecido exponencialmente. La catedral de San Fernando y la capilla de Valero se habían convertido en los núcleos donde se reunían los inmigrantes, y la ciudad se ramificaba a partir de este centro. La unión hace la fuerza y, aunque la ciudad sufrió muchos y graves ataques indios, los que decidieron establecerse allí encontraron la región muy favorable para sus necesidades diarias y sus ambiciones futuras. Para la mayoría de ellos, esa ambición consistía en adquirir tierras y criar rebaños de vacas, caballos, ovejas o cabras. Cada misión tenía su propia ranchería donde guardaba su rebaño para los neófitos, y la comunidad también empezaba a cuadrar tierras para sus propios intereses comerciales. Obviamente, todos estos rebaños llamaban mucho la atención; se podía ganar mucho dinero criando o robando estos animales. El gobernador de Croix se dio cuenta de esto después de su gira de inspección con el padre Morfi, y como su deber

62 Fray Juan Augustin Morfi. *History of Texas 1673-1779* (San Antonio, 1935), 3-4. *Historic American Buildings Survey. Anexo a: Mission San José y San Miguel de Aguayo.*

63 Marion A. Habig, 99.

para con la Corona no era insustancialmente fiscal, su recomendación fue emitir una orden para que «todo el ganado sin marca fuera propiedad del Gobierno e impuso un impuesto de cuatro reales (medio peso) por cada cabeza de ganado sin marca tomada o matada por cualquiera, incluyendo las misiones. El resultado fue el empobrecimiento de las otrora opulentas misiones».[64]

Huelga decir que este mandato afectó a todas las misiones de la zona de San Antonio. Antes, las misiones no solo se mantenían a sí mismas, sino que compartían sus excedentes entre ellas y con quien lo necesitara. Ahora, con las regulaciones del Gobierno y una población cada vez más numerosa e independiente, la necesidad de ayuda de las misiones disminuía. Además, los nativos americanos que habían comenzado su formación cristiana en la misión pronto descubrieron que había trabajo en la ciudad, es decir, que su europeización se completaba al abandonar los terrenos de la misión para integrarse en la comunidad.

Entre los años de 1768 y 1794, el número de neófitos en la misión de San José aumentó y disminuyó; sin embargo, un gráfico de los números solo indicaría una disminución gradual pero constante. Mientras esto ocurría en toda la región, la misión de San Antonio de Valero fue secularizada en 1793. Al año siguiente, las otras cuatro misiones fueron «parcialmente secularizadas». En todos los casos, Pedro Huízar se encargó de hacer inventarios y agrimensura de las propiedades. Y, en 1796, Huízar fue nombrado alcalde de San José a pesar de que, aparte de los religiosos, la población total de nativos americanos en el lugar era de dos dígitos bajos. Coincidentemente, el hijo de Huízar, José Antonio, ocupó el mismo cargo hasta 1819. El siglo XIX para las misiones en el área de San Antonio fue tumultuoso, en particular, la primera mitad. En primer lugar, la secularización de las misiones fue el primer paso de su decadencia. A medida que disminuía el número de neófitos, también lo hacía el interés del Gobierno por apoyarlas económicamente. Fue un tal

64 *Ibid.* 102.

padre Bernardino Vallejo quien redactó el último informe oficial sobre las misiones de la zona, que entregó en 1815. El padre Vallejo contaba que la misión de San José tenía una población de poco más de 100 personas, de las cuales casi exactamente la mitad eran indios y la otra, españoles.

Durante la década siguiente, las cuatro misiones a lo largo del río San Antonio, San José, Concepción Espada y Capistrano, fueron completamente secularizadas por la nueva autoridad mexicana. En 1820, el padre José Antonio Díaz de León, que había estado a cargo del último esfuerzo evangélico, la misión Nuestra Señora del Refugio, fue trasladado a San José. Durante cuatro años más intentó frustradamente mantener el apoyo del Colegio de Zacatecas. Debido a que el nuevo Gobierno mexicano había incorporado a Texas con Coahuila en un solo estado, las órdenes de secularización se completaron. Y así, el 29 de febrero de 1824 las cuatro misiones de la cuenca del río San Antonio fueron ofrecidas oficialmente al personal religioso local.

Posteriormente, la posesión de las misiones cambió de manos con tanta frecuencia como el clima político de la región. Tras la independencia de Texas en 1836, la diócesis encargada se encontraba en Nueva Orleans. Después, se trasladó a Galveston, Texas y, finalmente, en 1874, se creó la diócesis de San Antonio, que se hizo cargo de las misiones. En los sesenta años siguientes, la iglesia de San José, el único edificio de la propiedad que había resistido años de abandono, fue ocupada por distintas organizaciones. Con cada nueva administración, se hicieron algunos esfuerzos de reconstrucción. Una orden de benedictinos llegó a mediados de siglo y permaneció en el lugar durante una década. Después, llegaron los Padres de la Santa Cruz y, por último, y tal vez más sencillamente, la diócesis local. Sin embargo, los edificios quedaron casi en ruinas durante toda la época. Tal y como escribe Habig:

> «Aunque en San José se celebraron servicios divinos de forma más o menos continua desde 1840, [...] los muros de la plaza de la misión, con las casas de los indios, desaparecieron. El techo abovedado del

granero se derrumbó. También el antiguo convento quedó sin techo. Una parte del muro norte de la iglesia se derrumbó el 10 de diciembre de 1868; y la cúpula con la mayor parte del techo se vino abajo el 25 de diciembre de 1874, mientras se celebraban los servicios de medianoche en la sacristía».[65]

Todas las misiones de San Antonio fueron utilizadas durante el siglo XIX por diversos religiosos, la comunidad local u otras personas que estaban de paso. Uno de estos últimos fue John Russell Bartlett, que, a mediados del siglo XIX, viajó por el suroeste tomando notas y haciendo bocetos de los vestigios de todas las misiones españolas que encontró. Sus relatos de viaje son algunos de los mejores del género de la época. A mediados de la década de 1850, Bartlett cruzó la zona de San Antonio y descansó en San José. Según escribió, «la parte más perfecta de la iglesia es una ventana ovalada en la sacristía que está rodeada de volutas y coronas de gran gracia y belleza. [...] rara vez se usa [la iglesia] para fines religiosos, ya que los mexicanos del vecindario son pobres y a menudo no pueden pagar los cincuenta dólares que cobran los sacerdotes de San Antonio por oficiar».[66]

Lo que Bartlett nos ofrece es la oportunidad de echar un vistazo a la sociedad local por lo que realmente era en ese momento; las iglesias más allá de los alrededores de San Antonio sufrían abandono de más de un tipo. Ninguna otra fuente ofrece este tipo de información, personal, directa y sorprendentemente honesta

65 *Ibid.* 111.

66 John Russell Bartlett, *Personal Narrative of Explorations and Incidents in Texas, New Mexico, California, Sonora and Chihuahua.* (New York, D. Appleton Co., 1856), 43.

El rosetón. *Imagen cortesía de autor.*

Los esfuerzos de restauración en San José comenzaron casi tan pronto como la historia lo permitió. Una vez que México se separó de España y luego Texas de México, siguió el necesario periodo de calma, una respiración profunda antes de dar el siguiente paso. Habig describe los esfuerzos realizados a principios del siglo XX, restauraciones que describe como un trabajo que «ha sido obra de muchas mentes y corazones, tanto de individuos como de organizaciones y sociedades».[67] Escribe que se hicieron algunas obras en la iglesia hacia 1917, pero que no fue hasta el regreso de los franciscanos en 1931 cuando decidieron restaurar completamente la iglesia sin tejado.

Evidentemente, la reconstrucción de la iglesia fue satisfactoria porque a mediados de siglo la atención se centró en las otras áreas del complejo. De nuevo, Habig escribe que en 1924 se formó una Sociedad

67 Marion A. Habig. *The Alamo Chain of Missions*, 113.

de Conservación de San Antonio que centró su atención en el lado norte de la plaza de la misión y que en 1933 había vuelto a techar el granero. A diferencia del presidio de Goliad, la roca que forma los muros que rodean el recinto, que comprenden los aposentos de los indios y los soldados, no se recogió de alguna otra estructura antigua y ruinosa. Se extrajeron del emplazamiento original a lo largo del río y, al igual que la Acrópolis de Atenas, de cualquier detritus que se encontrara en el campo *in situ*. Además, una empresa de restauración de San Antonio volvió a suministrar la roca necesaria para la restauración más actual y ayudó con el mantenimiento posterior. Habig nos dice que «el condado de Béxar restauró las murallas y los barrios indianos de los lados oeste, sur y este de la plaza en 1932».[68]

Quirarte no pierde de vista la antigua estatuaria y, como si siguiera el movimiento de un manuscrito antiguo, da gran detalle de los viajes de estos iconos. Muchos de ellos pueden verse aún hoy en los pequeños museos de cada misión. Sobre el conjunto de la iglesia, se muestra algo reticente cuando escribe: «La puerta de la sacristía fue restaurada en 1949».[69]

Debido a la naturaleza porosa de la piedra caliza nativa, el agua es el eterno enemigo de las misiones. A partir de 2009, se recaudaron varios millones de dólares para restauraciones más contemporáneas y equipos de reconstrucción para apoyar y corregir lo que la naturaleza ha erosionado. Este trabajo, paradójicamente, está a la vez terminado y en curso. Mientras que los arquitectos, albañiles y carpinteros que trabajaron incansablemente durante varios años para completar sus respectivos proyectos, el deseo de utilizar técnicas y métodos inherentes a la época exige que estas mismas entidades permanezcan en guardia ante cualquier daño adicional.

68 *Ibid.* 114.
69 Quirarte, 97.

Interior del recinto de la misión. *Imagen cortesía de autor.*

En los años sesenta y setenta, los trabajos arqueológicos desenterraron los cimientos originales de lo que fueron las habitaciones de los indios, así como otros artefactos de la época colonial. En 1941, la misión se convirtió en lugar histórico nacional y estatal. En 1978, todas las misiones se incorporaron al Parque Histórico Nacional de las Misiones de San Antonio. Luego, a partir de 2008, cuando el padre David García, que había sido rector de la catedral de San Fernando y fue responsable de la restauración de ese sitio histórico de 1995 a 2008, fue encomendado por el entonces Arzobispo Gómez para restaurar las cuatro misiones, San José recuperó la condición que presenta en la actualidad. Y, tal vez lo más intrigante de todo, así como el aspecto más gratificante de todo el dinero recaudado y el trabajo realizado, es que la misión de San José y San Miguel de Aguayo también fue incluida como Patrimonio de la Humanidad por la Unesco en 2015.

MISIÓN NUESTRA SEÑORA DE LA PURÍSIMA CONCEPCIÓN DE ACUÑA

De las diversas misiones de la zona de San Antonio, cuatro se construyeron primero en otra región del estado y luego se trasladaron por motivos financieros y políticos. Solo la misión de San Antonio de Valero puede ostentar la distinción de ser exclusivamente autóctona de la región.

Recordemos que la misión Nuestra Señora de la Purísima Concepción de los Hainai se estableció por primera vez en el este de Texas en 1716, para el Colegio de Querétaro de los nativos hainai, parte de la confederación de los tejas. Fue esta misión, en el este de Texas en su primera forma, que el padre Espinosa había elegido para su sede, y fue desde aquí que Espinosa escribió gran parte de su *Crónica* detallando la historia del trabajo de los franciscanos en la región con tanto detalle. De hecho, los escritos del padre Espinosa son tan extensos y ricos que se le dio el apodo de *el Julio César de la Fe en Nueva España.* Fue también Espinosa, junto con los demás misioneros y los nativos americanos a los que atendían, quien había tenido que sufrir aquellos dos años de carencias y necesidades a la espera de lo que sería el anémico esfuerzo de abastecimiento de Alarcón en 1718. Fue también este año cuando la misión atrajo el cognomen de «de Ágreda», por *la Dama Azul,* María de Jesús de Ágreda.

Posteriormente, debido a la guerra franco-española de 1719 (que desembocó en la *Guerra de los Pollos*), los misioneros y soldados de las misiones se retiraron hacia la recién establecida región de San Antonio. Esperando aquí durante dos años, el mismo grupo de religiosos regresó al este de Texas como parte de la expedición de Aguayo en 1721. De nuevo, como ya se ha mencionado, esta expedición no solo restableció las misiones que habían sido abandonadas, sino que también instituyó un nuevo presidio cerca de la actual Robeline, Luisiana. Sin embargo, estas nuevas misiones en el este no disfrutaron mucho tiempo de su prosperidad, pues aunque los franciscanos hicieron todo lo posible por llegar a los nativos americanos del grupo de los tejas, sus esfuerzos se mantenían, hasta cierto punto, dentro del monedero de la Corona y no eran los misioneros los que podían aminorar sus cuerdas.

En 1724, el general Pedro de Rivera y Villalón fue enviado a inspeccionar las defensas de la frontera que comenzaba en Nuevo México y se extendía hasta el este de Texas. En 1727 había llegado al territorio oriental y, una vez hechas sus anotaciones, emprendió el viaje de regreso, llegando a Nuevo México en 1728. Las recomendaciones de Rivera eran sencillas y concretas. Los presidios de Nuestra Señora de Loreto en La Bahía y el de Nuestra Señora de los Dolores de los Tejas, en el este, debían ser abandonados. Rivera también recomendó una reducción del número de tropas en el presidio de Los Adaes. Sus ideas fueron aceptadas (por supuesto, el plan ahorraba una importante cantidad de dinero), y en 1729 se cerró el presidio de los Tejas. Esta pérdida de protección no sentó bien a los franciscanos que quedaban en las misiones del este de Texas y se reunieron para redactar su propia carta al virrey. En su petición pedían que se devolviera el presidio a la zona. Si el virrey no accedía a esto, la segunda petición de los frailes era que las misiones, al menos las que pertenecían al Colegio de Querétaro, fueran trasladadas a una zona más segura. A esta última idea el virrey accedió, y así, las tres misiones que pertenecían al Colegio de Querétaro fueron aprobadas para su traslado. Las tres misiones que eran administradas por el Colegio de Zacatecas permanecieron en el este hasta 1773.

En 1730, al menos una de las tres misiones queretanas se situó a orillas del río Colorado, cerca o en la actual Austin, Texas. Nadie está seguro de la ubicación exacta, pero algunos arqueólogos han sugerido que la zona alrededor de Barton Creek parece plausible. Sin embargo, este asentamiento no se produjo porque los frailes consideraron que la zona era «inaceptable». La región de San Antonio crecía rápidamente con la llegada de españoles, nativos americanos, anglosajones, etc., y el abundante suministro de agua permitía, y atraía, una mayor inmigración. La zona se estaba convirtiendo en un centro neurálgico para todo el territorio y las misiones móviles no tardaron en dirigirse hacia allí.

La primera misión Concepción en el territorio de San Antonio se erigió en la primavera de 1731 a lo largo de la ribera oriental del río San Antonio, aproximadamente una legua al sur de la misión Valero y equidistante al norte de la misión San José. Según Burke, «fue erigida en el lugar donde se encontraba la "misión perdida" de San Francisco Xavier antes de ser trasladada para unirse a Valero y convertirse en una de las cuatro misiones que el Álamo, en su accidentada historia, absorbió».[70]

Fachada del misión N.S. de la Purísima Concepción de Acuña. *Imagen cortesía de autor.*

70 Burke, 107.

La nueva misión Concepción adquirió un nombre un tanto diferente después de ser restablecida. En su nueva ubicación fue rebautizada como *Nuestra Señora de la Purísima Concepción de Acuña.* Este nombre añadido era otro honorífico para el nuevo virrey de Nueva España, Juan Vázquez de Acuña y Bejarano, Marquesado de Casa Fuerte.

Al principio, las tres nuevas misiones de la zona de San Antonio se construyeron, como se había hecho, en el este, con estacas y listones de madera, techos de paja y adobe. Aun así, la nueva misión sufrió los problemas habituales al principio. Había constantes y aparentemente omnipresentes incursiones apaches contra la gente y privaciones sobre el ganado y los caballos. Había poca comida disponible para los residentes, por lo que hubo que pedir un *préstamo* a la incondicional misión de San Juan Bautista. Según Habig, Concepción tuvo que haber entregado 1280 fanegas de maíz y 250 cabezas de ganado. Pero fue una deuda que no tardó en pagarse. Los franciscanos, los pocos soldados que tenían asignados y los nativos se afanaron en cultivar los campos necesarios para las cosechas del año siguiente e incluso iniciaron la construcción de la acequia con el que regar las tierras; una obra tan bien terminada que la acequia aún existe y sigue abasteciendo de agua a las inmediaciones.

Pronto, después de unos diecisiete años, las estructuras de madera fueron sustituidas gradualmente por piedra y mortero, y la misión comenzó a materializarse en lo que vemos hoy. El padre Fernández de Santa Ana, que sucedió al padre Vergara (que había sido el sucesor del padre Hidalgo) como principal figura religiosa de la Concepción, fue el hombre que inició esta extraordinaria construcción. Se construyó un muro de piedra que rodeaba todo el recinto, se añadieron las dependencias habituales para los neófitos, los pocos soldados, un convento para los religiosos y las salas necesarias para el textil, el metal, la albañilería y la preparación de alimentos. La iglesia, de planta cruciforme, se construyó con una nave de unos 27,4 por 6,7 metros. Poco después se añadió la cúpula y se erigieron los campanarios gemelos. Como ya hemos dicho, si la misión de Valero hubiera llegado a completarse, se habría parecido mucho al edificio de Concepción, salvo por el tercer nivel previsto en Valero. Como señaló Quirarte, «dentro de la entrada principal de la iglesia había un vestíbulo bien construido de madera pintada y barnizada. Tenía dos puertas interiores con una barra de hierro. El suelo era de ladrillo cuidadosamente colocado. La puerta del baptisterio tenía una reja de hierro y una ventana enrejada. El coro, con techo abovedado, tenía una barandilla de madera torneada».[71] Del interior, Habig afirma que «en el altar de la iglesia había una estatua tallada de María Inmaculada; y en la sacristía, a menor escala, una estatua de tamaño natural de Nuestra Señora de los Dolores, y también un gran crucifijo. En la iglesia había un confesionario y un banco, sin bancas. En la sacristía, dos grandes arcas de cedro tallado contenían los ornamentos y los vasos sagrados. Todo lo necesario para el servicio divino estaba a mano».[72]

Durante el verano de 1745, el padre Francisco Xavier Ortiz fue enviado por el Colegio de Querétaro para inspeccionar las misiones de Texas; pasó poco más de un mes en San Antonio e hizo muchos comentarios sobre el progreso de Concepción. Observó que las paredes de la iglesia tenían 114 centímetros de espesor y que el adobe estaba rodeado de roca tanto en el interior como en el exterior. Ortiz también vio que, aunque había cuartos de indios hechos de adobe dentro de los muros circundantes, todavía había algunos neófitos viviendo en chozas de madera o, *xacales* (jacales) dentro del perímetro. En aquella época, la misión albergaba a unos 250 nativos de distintas tribus.

De la fachada, Ortiz escribió que el nicho principal sobre la puerta del portal era para la estatua de Nuestra Señora de la Inmaculada Concepción. Y, a ambos lados de la puerta principal, se pintaron la luna y el sol, otro intento de los frailes de unir las dos filosofías religiosas, la suya propia y la de los neófitos. Otros han escrito que estas dos imágenes, el sol y la luna, pretenden representar la crucifixión,

71 Quirarte, 105.
72 Habig, 129.

es decir, ese momento de la muerte de Cristo en el que los pecados anteriores (la luna) desaparecen y se ofrece un nuevo comienzo (el sol). Sea cual fuere el motivo, existen numerosas pruebas, tanto físicas como textuales, de que los franciscanos permitían a menudo a sus trabajadores indígenas incorporar sus propios símbolos a las misiones que ayudaban a construir. Y sobre la puerta, el artista de la misión añadió la siguiente inscripción:

> «A SU PATRONA, Y PRINCESSA
> CON ESTAS ARMAS, ATIENDE
> ESTA MISSION, Y DEFIENDE
> EL PUNTO DE SU PUREZA»

La cuerda entrelazada alrededor de esta inscripción es un símbolo de la orden franciscana, como lo son, en parte, el MAR y el AVE (Ave María) del escudo. Aunque la fachada es *hermosa*, el trabajo de albañilería alrededor del portal está menos ornamentado que en San José. Sin embargo, la adición de las semicolumnas románicas, o pilastras, a ambos lados de la puerta principal aporta una gran expresión a la entrada. Y, al igual que en San José, cuando se terminó, toda la fachada de la iglesia se pintó con un diseño geométrico policromado; un patrón similar al de las vigas del techo de la misión Socorro en El Paso, Texas.

Debido a que Concepción estaba más cerca de San Antonio que las otras cuatro misiones fuera de la ciudad, disfrutó de un poco más de éxito con los nativos que sus misiones hermanas. Un informe presentado al padre Ortiz (que en 1762 era custodio del Colegio de Querétaro) muestra que la iglesia y sus alrededores estaban terminados, y que los cultivos y la ranchería vecina estaban floreciendo. El informe enumera varios grupos de nativos americanos congregados en la misión, pero los principales eran los sanipao, pajala y tacone, todos ellos coahuiltecos. Sin embargo, estos tres grupos no eran los únicos representados en la misión. De hecho, en la misión se hablaban tantos dialectos nativos americanos que el padre Gabriel de Vergara, que había sido amigo y colega de Espinosa durante su estancia en el este de Texas, escribió una especie de diccionario de todas las lenguas. Este trabajo se centró en el dialecto pajala, ya que era el que se hablaba de forma dominante. Por desgracia, al igual que los poemas de Safo, hoy solo existe un fragmento de esta obra. De hecho, este dialecto se utilizaba tanto en la misión que la acequia se llamaba «acequia de pajalache».

Las tres primeras décadas de presencia de la Misión Concepción en la zona de San Antonio fueron fructíferas. No solo tenían los franciscanos un número adecuado de nativos para ayudar a trabajar la tierra, sino que esta, bien cuidada, cuidaba asimismo de sus residentes. A pesar de que otra epidemia había arrasado la misión en 1739 (probablemente sarampión y viruela), que volvió a reducir la población a la mitad, el número de nativos dispuestos a probar este experimento europeo aumentó constantemente durante los siguientes veinticinco años. Los nativos de la misión también disfrutaron de la ventaja del autogobierno, y unos pocos fueron elegidos para dirigir sus propios asuntos dentro y en los alrededores de la misión. Sin embargo, ya había tensiones entre los nativos, los misioneros y los residentes en San Fernando y el presidio de San Antonio de Valero. A la mayoría de los canarios que residían en San Fernando y se dirigían hacia las misiones del sur se les había hecho creer que los neófitos, al igual que en Nuevo México, estaban a su disposición para el trabajo manual, una idea equivocada que los franciscanos intentaron corregir en repetidas ocasiones. Por supuesto, esta intercesión de los franciscanos en favor de sus pupilos no hizo sino irritar aún más a los inmigrantes españoles que, en conjunto, se sentían con derecho a cualquier recurso que la zona pudiera ofrecer. Colonos y franciscanos escribían cartas furiosas al gobernador, que a menudo se ponía de parte de los colonos españoles para consternación de los franciscanos.

Fresco original. *Imagen cortesía de autor.*

El informe entregado al padre Ortiz en 1762 enumeraba 58 familias indias dentro de los muros de la misión, y este número, sumado al de los solteros, ascendía a 207. Sin embargo, las cifras siguieron disminuyendo a partir de ese momento. Habig escribe que una de las razones era que «.los misioneros no podían hacer viajes largos con el propósito de traer de vuelta a los fugitivos y añadir nuevos conversos, porque no se les proporcionaba una escolta militar».[73] Para 1771 el franciscano a cargo río abajo en la misión de San Juan Capistrano estaba experimentando aún más reducciones de neófitos que Concepción. Su plan había sido viajar a La Bahía y convencer a tantos nativos americanos como pudiera de que la vida cerca del presidio de San Antonio era mejor que la vida donde estaban. Habig señala que 107 estaban dispuestos a unirse a esas misiones más arriba del río San Antonio y fueron distribuidos entre las cuatro misiones. Concepción recibió a dieciséis, diez de los cuales

73 *Ibid.* 135.

habían abandonado la misión Rosario, lo que no hizo sino aumentar los problemas que ya tenía esa misión.

La segunda razón dada para la disminución general de la población en Concepción fue la orden de de Croix de 1789 que convertía todo el ganado sin marca en propiedad del Gobierno. No se puede exagerar lo mucho que estas misiones dependían de estos rebaños ni el perjuicio que el impuesto de medio peso podía infligir. Las constantes depredaciones apaches, la matanza y/o el robo del ganado por parte de los indios y los residentes locales y, finalmente, el decreto de de Croix, prácticamente aseguraron a las misiones la desaparición de su principal fuente de alimento y, de hecho, la señal que atraía a la mayoría de los neófitos. A finales de ese mismo año, en lo que Habig denomina el «último informe detallado de Concepción», el padre Joseph Francisco López escribe que «Concepción solo tenía 71 indios de misión». Aunque la escasez de carne no pudo haber sido la única razón de la disminución del número de neófitos para los hermanos. Los abusos de los colonos y soldados españoles, junto con la relativa seguridad y comodidad de la zona de San Fernando, fueron también causas de la disminución.

Al igual que con todo el esfuerzo misionero en Nueva España, más pronto que tarde, el Gobierno español se cansó de los constantes gastos y problemas en las misiones. Como se mencionó anteriormente, la misión de San Antonio de Valero fue secularizada en 1793, y Concepción pronto seguiría el mismo camino. Un año después, las otras cuatro misiones al sur de Valero fueron «parcialmente secularizadas». Pedro Huízar fue nombrado alcalde de Concepción y comenzó las minucias de desglosar los materiales y topografiar el terreno alrededor de las misiones. Una vez realizado este trabajo, el siguiente paso fue repartir todas las tierras y animales entre los nativos.

Los misioneros franciscanos permanecieron en sus puestos durante las siguientes décadas atendiendo las necesidades espirituales de la población restante, pero a Huízar se le encomendó el mantenimiento diario del recinto. El padre José María Camarena figura como el último ministro residente de Concepción y, junto con el gobernador Manuel Muñoz, reunió a los indios para informarles de que «ahora recibirían granjas propias que tendrían que cultivar para satisfacer sus necesidades, sin la supervisión del misionero».[74] Los registros de este año indican que había aproximadamente cuarenta nativos americanos viviendo en la misión. Poco después, el padre Camarena se marchó y un misionero de San José asumió las responsabilidades eclesiásticas de las misiones de San José y Concepción.

Para 1797 la población de la misión Concepción se había reducido a tal número que el capitán del presidio Nuestra Señora de Loreto en La Bahía preguntó al gobernador Muñoz si podía tener las campanas de la Concepción «abandonadas», ya que las dos de su presidio estaban rajadas. Parece ser que después de que Huízar repartiera las tierras circundantes a los nativos, no había demasiados residentes dentro de los muros de la misión. De hecho, en 1809, el censo solo registraba veinte indios y treinta y dos españoles. El otro problema de la secularización fue que algunos de los nativos, una vez que se les comunicó que la rutina de las misiones, tal y como la habían llegado a ver, iba a cesar, volvieron a sus antiguos grupos.

Los primeros años del siglo XIX fueron, probablemente de forma obvia, un periodo muy tumultuoso en el Texas colonial español, debido en gran parte a la invasión de España y Portugal por Napoleón. Las guerras en la península ibérica estaban causando la fractura del Gobierno español, y la estima de la Iglesia, en España, estaba desprestigiada. Los problemas y preocupaciones de una colonia a miles de kilómetros de distancia parecían ciertamente más triviales que asegurar la patria y expulsar a Napoleón. En semejante ambiente, muchos hombres vieron en México la oportunidad de apartarse de la dominación española e inventar sus propias historias.

Sacerdote convertido en soldado, Miguel Hidalgo y Costilla, el *Padre de la Independencia de México,* inició en 1810 uno de los primeros intentos de independencia mexicana de España. Aunque la

---

74 *Ibid.* 141.

empresa de Hidalgo fracasó, engendró otras. La revuelta del año siguiente de Juan Bautista de las Casas terminó con la cabeza de Casas expuesta en una pica en San Antonio. Sin embargo, la semilla de la independencia había sido plantada y, en poco tiempo, floreció. Las tropas al mando de Bernard Gutiérrez de Lara obtuvieron cierto éxito en 1813 cuando, en un intento de sitiar San Fernando y el Presidio de San Antonio de Béxar, ocuparon Concepción. Su avance provocó la rendición del complejo de San Antonio, pero solo durante un tiempo. Gutiérrez renunció a su cargo como presidente del nuevo Gobierno provisional a finales de ese mismo año y partió hacia Nueva Orleans, donde continuó con sus esfuerzos marciales durante algún tiempo. Al mismo tiempo, sin embargo, los españoles habían recuperado la región de San Antonio.

Fachada del misión N.S. de la Purísima Concepción de Acuña. *Imagen cortesía de autor.*

Aunque casi sin residentes en ese momento, la misión Concepción seguía respirando, aunque con un esfuerzo superficial y laborioso. Los que aún vivían en la misión recibían instrucción religiosa y servicios en San José. Concepción cojeó por unos años más, hasta que ocurrió la secularización final y formal el 29 de febrero de 1824. Como observó Habig: «Así murió finalmente la misión Concepción, que solo se había demorado una década entera. Su existencia como misión india llegó a su fin».[75] Sin embargo, la gente continuó viviendo dentro y alrededor de la misión incluso después de su cierre. El acueducto seguía en uso, y los nativos a los que se habían concedido tierras en los alrededores aprovechaban los recursos. Mientras tanto, la idea de independencia de la autoridad gobernante también se había alimentado bien. Ahora, incluso los inmigrantes anglosajones deseaban autogobernarse.

En octubre de 1835, otra batalla por la independencia tuvo lugar cerca de la misión de Concepción. Noventa texanos, conocidos como *texianos*, bajo el liderazgo del coronel James Bowie y el capitán J. W. Fannin habían tomado la misión Concepción como su base de operaciones cuando el 28 del mismo mes fueron rodeados por más de 400 tropas mexicanas. Lo cierto es que la batalla se libró justo detrás de la misión en un recodo del río. En lo que respecta a la misión, los texanos utilizaron sus torres como puestos de vigilancia, aunque algunas fuentes mencionan que partes de los terrenos de la misión resultaron dañados en los combates. Haciendo caso omiso de las órdenes de Stephen Austin de regresar con el contingente más numeroso del ejército, Bowie y Fannin acecharon al ejército mexicano y lo sorprendieron en un fuego cruzado. Los rifles largos de los tejanos eran mortalmente precisos y las tropas mexicanas fueron rechazadas hasta San Antonio. Como escribió Burke: «Aquí, en la misión Concepción, los tejanos habían ganado su primer combate con las tropas mexicanas».[76]

Tras este encuentro, se concedió a la misión un importante descanso de su actividad. Durante las siguientes décadas permaneció inactiva y solo los residentes locales deambulaban por sus terrenos, ahora cubiertos de maleza, y sus muros derruidos. Por supuesto, como ocurre con cualquier edificio vacío del pasado, los lugareños

75 *Ibid.* 147.

76 James Wakefield Burke. *Missions of Old Texas,* 109.

solían servirse de la roca y el adobe de la estructura para construir sus propias casas y vallas. De nuevo, el viajero John Russell Bartlett se topó con la misión Concepción igual que lo había hecho en San José, en 1850. El relato de sus andanzas, publicado en 1856, ofrece una magnífica visión del estado de toda la zona y de la misión:

> «Las dos torres y la cúpula de la iglesia tienen un aspecto bastante imponente cuando se ven desde lejos, pero, al acercarnos, la encontramos no solo desolada, sino profanada; la parte de la iglesia se utilizaba como recinto para el ganado, cuya suciedad cubría el suelo hasta una profundidad de 30 centímetros o más. Miríadas de murciélagos revoloteaban a nuestro alrededor, que parloteaban y chillaban ante nuestra invasión de su territorio; y no encontramos nada de interés dentro de la iglesia que nos recompensara por encontrarnos con su desagradable presencia».[77]

Justo antes de la aventura de Bartlett por la región, la recién fundada República de Texas había traspasado el título de la misión y las tierras circundantes a la Iglesia Católica, recibiendo el obispo J. M. Odin la posesión formal en 1841. Odin, a su vez, permitió a los marianistas (Los Hermanos de María), bajo el mando de Andrew Edel, utilizar la propiedad. Edel fundó el Instituto Santa María, que más tarde se convertiría en la Universidad Santa María. Los marianistas, al menos, limpiaron la iglesia y evitaron que cayera en el olvido, claramente después de la visita de Bartlett. Más tarde, en 1911, esta Sociedad de María devolvió la titularidad de las tierras al obispo de San Antonio. Muy poco después, las Hermanas de la Caridad del Verbo Encarnado abrieron un orfanato llamado, en aquella época, Hogar de San Pedro - San José. Hoy en día existe esa misma institución (ahora llamada cariñosamente, St. PJs), justo enfrente de la misión en Mission Road.

77 John Russell Bartlett. 44-45.

Misión Concepción principios del siglo XX. El seminario de San Juan visible a un lado. *Historic American Buildings Survey, Creator. Mission Nuestra Senora de La Purisima Concepcion, 807 Mission Road, San Antonio, Bexar County, TX. Documentation Compiled After. Photograph. Retrieved from the Library of Congress, <www.loc.gov/item/tx0038/>.*

Solo unos pocos años después, en 1919 (aunque el sitio web de la arquidiócesis afirma que tanto el orfanato como el seminario se fundaron casi simultáneamente en 1929, cuando regresaron los franciscanos), el Seminario de San Juan (St. John's) se estableció directamente junto a Concepción. Sigue en pie hoy en día, y se ve fácilmente justo detrás y al noreste de la misión cuando miramos hacia la fachada. Incluso hay un Salón Margil, conmemorando al Padre Antonio Margil de Jesús, fundador tanto del Colegio de Nuestra Señora de Guadalupe de Zacatecas como de la misión San José. St. John's ha sufrido muchas renovaciones y restauraciones en los últimos 75 años, pero es orgullosamente propiedad de la Diócesis de San Antonio y continúa educando a aquellos que eligen entrar en esta vocación especial.

De nuevo, en la década de 1930, al igual que con las misiones de Texas y tantos otros lugares de todo el país, la WPA emprendió algunas renovaciones menores en Concepción; se apuntalaron muros y se realizaron algunas reparaciones menores en el tejado. Luego, en la década de 1970, se iniciaron trabajos arqueológicos y se descubrió gran parte de las instalaciones originales de Concepción (por ejemplo, algunas de las salas originales de herrería, textiles e incluso algunas de las habitaciones de los indios). Una vez concluidos estos trabajos y añadida la misión a la lista de lugares históricos del estado, la misión vivió un par de décadas de quietud. El complejo fue mantenido por la Arquidiócesis de San Antonio durante varios años, hasta que en 2008 se pidió al padre David García que continuara con el *ministerio* de restaurar las otras cuatro misiones de la región. La misión Concepción, siendo el primero a lo largo del río justo al sur de San Antonio, se convirtió en el primero en recibir la atención del P. García.

En la actualidad, la Archidiócesis de San Antonio solo es propietaria y responsable de una parte relativamente pequeña de la zona de las misiones. Como comentó recientemente el padre García, «nosotros [la diócesis] solo somos responsables de los edificios de la iglesia, donde celebramos la misa. Originalmente, la archidiócesis era propietaria de todo y se estaba convirtiendo en una enorme carga mantenerlo todo en funcionamiento».[78] Así que la diócesis llegó a un acuerdo, una *asociación*, con el Servicio Nacional de Parques (NPS). La archidiócesis posee y mantiene la iglesia, tanto el interior como el exterior, mientras que el NPS es responsable de todo lo relacionado con la misión.

En cuanto a la restauración en sí, han participado muchas organizaciones. Por un lado, la Sociedad de Arquitectos de Texas (TSA) ha llevado a cabo gran parte de la restauración primaria. Un ensayo escrito por Rebecca Roberts para el sitio web de la organización describe cómo se llevaron a cabo algunos de los trabajos más complejos:

78 Fr. David García (Administrador de las misiones en San Antonio), en conversación con el autor, junio de 2016.

> «La restauración interior de la misión Concepción requirió la retirada y sustitución del yeso deteriorado. Aunque la estructura se construyó originalmente en las décadas de 1730 y 1740, los muros contemporáneos de la misión incorporan yeso más reciente procedente de reparaciones realizadas en los siglos XIX y XX. [... el] plan consistía en retirar todo el enlucido suelto y sustituirlo por un enlucido a base de cal que reprodujera el enlucido histórico del siglo XIX. Sin embargo, cuando empezaron a trabajar, descubrieron algo interesante: restos de frescos españoles en la pared original bajo el enlucido del siglo XIX».[79]

Al completar este trabajo, la TSA se esforzó considerablemente por mantenerse fiel a los esfuerzos originales de los franciscanos, que, junto con la inestimable ayuda de sus neófitos nativos americanos, habían construido un edificio tan increíble donde antes solo existían bosques y praderas. Como concluye la Sra. Roberts, «el descubrimiento de los frescos originales fue fundamental para la restauración general de la misión Concepción. Cuando se repintó el interior al final del proyecto, los tonos se mezclaron para que coincidieran con los pigmentos de los frescos desenterrados…».

De hecho, todo este trabajo ha producido un efecto extraordinario. No solo Concepción tiene hoy un aspecto muy parecido al de hace casi 250 años, sino que, como recompensa por la atención prestada por todos al propósito de la misión, Nuestra Señora de la Purísima Concepción también fue incluida como Patrimonio de la Humanidad por la Unesco en 2015.

---

79 Rebecca Roberts, Restoring San Antonio's Spanish Missions, *Texas Society of Architects,* (mayo/junio de 2013). Disponible en https://texasarchitects.org/v/article-detail/Restoring-San-Antonio-s-Spanish-Misions/dq/

Altar lateral con restos de frescos. Imagen cortesía de autor.

MISIÓN SAN JUAN CAPISTRANO

En julio de 1716, el padre Isidro Félix de Espinosa fundó la misión de San José de los nazonis en el este de Texas. Los nazonis, recordemos, formaban parte del grupo de los tejas a quienes los franciscanos trataban de instruir. La misión, como todas las de la zona en aquella época, fue abandonada en 1719 debido, de nuevo, a la amenaza de una invasión francesa. La misión fue restablecida como parte de la expedición de Aguayo de 1721 con el Padre Espinosa volviendo a sus deberes en la región. Menos de una década después, por razones ya mencionadas (principalmente fiscales), esta misión, al igual que Concepción, fue trasladada a un área en o cerca de la actual Austin, Texas. Y, de nuevo, porque las condiciones resultaron demasiado incómodas a lo largo del río Colorado o, tal vez, la floreciente zona de San Antonio parecía más atractiva, la misión fue trasladada de nuevo al lugar donde se encuentra ahora, aproximadamente a cuatro leguas del corazón de la ciudad, la catedral de San Fernando. Cuando finalmente se asentó, en el lado este del río, la misión pasó a llamarse misión San Juan de Capistrano, el *santo soldado*. El cambio de nombre de esta misión ha dado lugar a algunas especulaciones. ¿Cuál fue la razón del cambio, o la necesidad? Algunos sugieren que la misión de San José y San Miguel ya estaba suficientemente establecida y no había necesidad de otra con un nombre similar. Otros han escrito que Juan de Capistrano había sido canonizado pocos años antes, por lo que su nombre estaba en la mente de muchos franciscanos. Pero, incluso este último argumento es difícil de mantener, ya que Capistrano fue *canonizado* dos veces (una vez en 1690 por el papa Alejandro VIII y otra vez en 1724, por el papa Benedicto XIII). El hecho de que su nombre haya sido propuesto es una cuestión para el lector.

En cuanto a la ubicación de la misión, algunos parecen pensar que el lugar estaba predestinado cuando Terán y el padre Massanet atravesaron el territorio en 1691 de camino a la parte oriental del estado. Tanto Terán como Massanet escribieron diarios de sus andanzas, y ambos mencionan una llanura sin bosques muy cerca de lo que más tarde se llamaría el río San Antonio. (Debe recordarse que Massanet fue el individuo que dio el nombre de San Antonio de Padua a toda la región en este viaje). Como escribe Habig, «las "tierras llanas sin bosques" que atravesaron cuando continuaron su viaje habrían sido entonces los campos de vuelo de la base aérea de Brooks».[80] Por supuesto, es casi imposible saber con certeza si esta era la zona mencionada por Massanet, ya que el paisaje y el curso del río seguramente habrían cambiado durante la progresión de varias décadas.

Al igual que las demás misiones de la región de San Antonio, San Juan Capistrano se estableció a una distancia predeterminada de San José para intentar mantener la paz entre las distintas facciones de los coahuitecas. Al principio, San Juan atendía a los mismos pajalates que en San José. Sin embargo, la inclusión de otros grupos

80 Marion A. Habig. *The Alamo Chain of Missions*, 160.

como los pcana, camasugua y tacame hizo que la labor del misionero se consumiera no solo en tratar de familiarizar a los nativos con el estilo de vida europeo semicerrado, sino también en mantener al mínimo las luchas intestinas.

La construcción de la misión también fue un trabajo arduo. Como todas las misiones, la de San Juan se construyó al principio con paredes de madera y tejados de paja. De los esfuerzos más permanentes para los edificios, Quirarte, con su habitual concisión, afirma que «la iglesia era de broza enlucida con barro y techada con paja, y tenía una torre con dos campanas. En 1756 se terminó una iglesia de piedra. La construcción de una iglesia más grande se inició en algún momento después de 1777, pero la construcción cesó en 1787 porque no había suficientes trabajadores disponibles y los materiales de construcción eran escasos».[81]

Cualquiera que fuera la fase de progreso o el estado de preparación que alcanzara la misión, estaba, como todas las misiones e incluso la propia Villa de Béxar, sometida a frecuentes ataques apaches y comanches. Mary Maverick, en sus memorias, habla a menudo de incursiones comanches en San Antonio. Y los misioneros de las misiones escribieron muy a menudo sobre las incursiones apaches contra su ganado, caballos y cualquiera que se aventurase fuera de la protección de los muros de la misión. Como señaló Burke, «San Juan Capistrano no progresó tanto como las otras misiones de San Antonio. Su ubicación expuesta la sometió a frecuentes ataques de los nativos, y las tierras asignadas a la misión no eran suficientes para sus caballos y ganado y para el cultivo de las cosechas necesarias».[82] De hecho, ni siquiera la proximidad del río garantizaba que las aguas llegaran a los campos. Los misioneros, junto con los indios, tuvieron que represar el río y desviar su caudal solo para poder regar una pequeña parte de la zona. Pero la ubicación física de la misión no era la única preocupación.

81 Jacinto Quirarte, 131.
82 James W. Burke, 89.

Fachada misión de San Juan de Capistrano. *Highsmith, Carol M, photographer. Mission San Juan Capistrano, also known today as Mission San Juan was originally christened as La Mision San Jose de los Nazonis when it was located in East Texas. -04-15. Photograph. Retrieved from the Library of Congress, <www.loc.gov/item/2015630394/>*

Al igual que en las otras misiones, la epidemia de 1739 disminuyó gravemente el número y la determinación de los nativos. A continuación, al igual que había ocurrido antes, los nativos se dieron cuenta de que los franciscanos no se llevaban bien con los suyos. Un hombre en particular se convirtió en un obstáculo para el progreso de la misión, tanto como las incursiones apaches.

Ganza fue gobernador de Texas durante casi un año, de 1736 a 1737. Franquis había sido enviado a Texas para ayudar a administrar la provincia, ya que el gobernador que la presidía, Manuel de Sandoval, no residía en la capital provincial de Los Adaes, en el este, sino que estaba ocupado con las incursiones apaches en el centro de Texas y residía principalmente en el Presidio de San Fernando de Béxar. Por esta aparente falta de atención, Franquis hizo arrestar a Sandoval. Sin embargo, el problema parece haber nacido no de la mala gestión de Sandoval, sino más bien de la perniciosa mentalidad del propio Franquis. Como escribió Weddle sobre el déspota, «Franquis, de naturaleza violenta, emprendió de inmediato un curso tempestuoso que aseguró a su nombre un lugar en la historia, pero le granjeó también la enemistad de casi todos los misioneros y funcionarios presidenciales desde Saltillo hasta Los Adaes». El hombre estaba evidentemente trastornado, ya que Weddle señala de nuevo que Franquis «se hizo odioso para todos al afirmar que los presidios de Coahuila, así como los de Texas, le debían la misma obediencia debida al virrey o al rey».[83] Si la naturaleza tóxica del nuevo gobernador hubiera sido lo único con lo que los misioneros hubieran tenido que lidiar, entonces todos los españoles podrían haber disfrutado de un poco más de éxito. Pero la arrogancia de Francisco no tenía límites.

Después de arrestar y despedir a Sandoval, Franquis implementó una estrategia que aseguró el fracaso de la mayoría de las misiones y sus cargos: redujo el número de soldados en San Juan y, de hecho, en todas las misiones, de tres a uno. El hecho de que estos soldados habían sido fundamentales para ayudar a los frailes en la construcción y mantenimiento de las misiones, que eran los responsables de mantener a los apaches alejados de los muros de la misión y que eran los responsables directos de recuperar a los neófitos huidos le pareció indiferente a Franquis. Los desastrosos resultados no tardaron en hacerse evidentes. Habig observó que el mayor efecto nocivo del traslado de los soldados fue la impresión que causó en los nativos americanos ya reunidos en la misión:

> «Alentados por la actitud irrespetuosa del gobernador hacia los misioneros, algunos de los indios se sintieron bastante seguros haciendo caso omiso de las indicaciones del padre y violando las reglas de la vida en la misión. Algunos de los de San Juan Capistrano se unieron a otros de la misión Concepción para hacer declaraciones falsas ante el gobernador sobre supuestos malos tratos por parte de los misioneros.
>
> En realidad, como algunos de los testigos declararon más tarde, fue el propio gobernador quien mandó preparar las deposiciones; y a los indios y a otros se les dijo que debían firmarlas. Cuando el teniente Mateo Pérez

83 Robert S. Weddle, *San Juan Bautista: Gateway to Spanish Texas.* Austin: University of Texas Press, Austin, 1968, 211.

objetó firmemente que las acusaciones no eran ciertas, el gobernador le amenazó con desterrarle de la provincia de Texas "más lejos que cualquier lugar que pudiera imaginar" si no estampaba su firma».[84]

Pérez se convirtió, de hecho, en colaboracionista de Franquis, como se desprende de registros posteriores. En un ambiente así no puede haber respeto por las reglas, y los nativos pronto y sin más abandonaron la misión. Y sin el número necesario de soldados a mano, no había nadie que se adentrara en el bosque para intentar recuperarlos. Los informes de finales de ese año enumeran una veintena de thelojas y solo unos pocos orejones todavía en la misión. Y, en cuanto a Franquis, aunque su mandato como gobernador de la provincia fue misericordiosamente corto, su psicosis disfrutó de una larga vida.

Los delirios de Franquis se extendieron hasta México y la misión de San Juan Bautista. Exigió saber por qué sus órdenes de desalojar a los soldados no se habían cumplido también en la misión del río Grande. El padre Miguel Sevillano de Paredes, de San Juan Bautista, respondió que solo el virrey podía dar tales órdenes, y que si era cierto que Franquis había retirado a los soldados de sus puestos en la zona de San Antonio, entonces él, Sevillano, tendría que haber escrito sobre el asunto al virrey. Por supuesto, el mal temperamento de Franquis no podía soportar una reprimenda. Comenzó a buscar a los mensajeros que llevaban el correo entre San Antonio y San Juan Bautista. Cuando los frailes se enteraron, empezaron a esconder su correspondencia bajo las monturas de los que repartían el correo. Finalmente, en 1737, le llegó al virrey una carta de Sevillano, su Consulta Apologética. La carta detallaba los abusos y neurosis del gobernador. El resultado fue exactamente el que cabría imaginar:

> «El resultado [de la carta] fue un nuevo requerimiento a Franquis para que mejorase su relación con los misioneros y restableciese los soldados para vigilar las misiones, bajo pena de suspensión. Sin

84 Marion A. Habig, 163

embargo, el gobernador se negó y se ordenó su destitución con fecha de 11 de julio de 1737. Se le ordenó retirarse a San Juan Bautista mientras el juez residente, Fernández de Jáuregui, investigaba su informe oficial.

... El gobernador depuesto convirtió el viaje en un asunto ridículo por sus repetidas burlas a los misioneros en general y al padre Sevillano en particular. Todos los religiosos, afirmaba, no eran sino misioneros de Satanás».[85]

Al cabo de un año, Franquis estaba esperando su juicio, y los soldados habían sido reabastecidos a las misiones. El nuevo cura de San Juan Capistrano era el padre Mariano Francisco de los Dolores y Viana. Y, de hecho, fue el padre Mariano quien había tenido que tratar con el gobernador Franquis mientras este se encontraba en la zona de San Antonio. Pero aún otro azote aguardaba a la misión incluso después de que el lunático gobernador hubiera sido sustituido.

Solo había transcurrido poco más de un año cuando otra epidemia de viruela asoló la región en 1739. Algunos han escrito que los propios frailes contribuyeron a propagar el contagio cuando viajaban de una misión a otra tratando de ayudar a los enfermos. Sin embargo, los registros de la época informan que en San Juan Capistrano, en el año 1739, los aproximadamente 220 nativos de la misión se redujeron a unos míseros sesenta y cinco. Muchos de ellos sucumbieron a las enfermedades, mientras que otros huyeron de la misión y, en la mente de los nativos, de sus males inherentes.

85 Robert S. Weddle, 213-214.

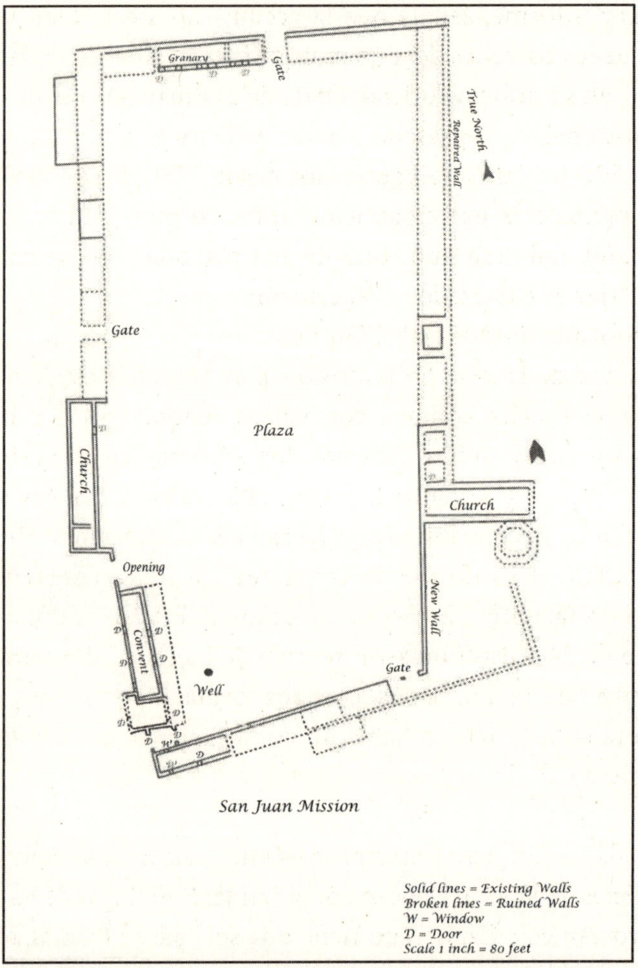

Trazado de la misión San Juan. *Centro de investigación arqueológica de la Universidad de Texas en San Antonio, Investigaciones arqueológicas en cuatro misiones de San Antonio. 16. 2001.*

En el transcurso de los dos años siguientes, los misioneros, con la ayuda de los soldados españoles, lograron reagrupar a varios de los indios que habían vuelto a sus hábitos anteriores. A pesar de que la misión de San Juan Bautista tuvo que socorrer a su misión hermana con suministros básicos, los informes del padre Francisco Xavier Ortiz, uno de 1745 y otro de 1756, revelan que San Juan Capistrano se revitalizó, aunque solo fuera por la falta de catástrofes. Ortiz, en su primer informe, señala que la acequia abastecía bien los campos, y que las cosechas del año eran *suficientes* para los de la misión. Además, en su informe oficial, Ortiz deja constancia de que la labor eclesiástica había progresado a pesar de la tormenta y la oscuridad. Más de 500 habían sido bautizados desde 1731, y algo más de 200 habían recibido la extremaunción antes de morir. El informe del mismo año enumera «un total de 163 personas, de las cuales 113 eran cristianos bautizados y 50 catecúmenos».[86]

El informe de Ortiz de 1756 ilustra un aumento en casi todos los aspectos de la vida de la misión. Las cosechas estaban produciendo y el rancho contaba con varios centenares de cabezas de ganado vacuno y ovino. Además, los edificios de la misión eran ahora de piedra y argamasa, y la iglesia contaba con los elementos auxiliares necesarios para celebrar los sacramentos. De nuevo, Habig escribe del informe de Ortiz que «se había construido una iglesia, con sacristía, de piedra y argamasa. Era un edificio largo y estrecho de 24 varas (unos 24 metros) de largo y 5 2/3 varas (unos 5,8 metros) de ancho. El tejado estaba formado por buenas vigas de madera tallada. También había un buen granero, que era un edificio de piedra».[87]

La fachada de San Juan Capistrano es muy inusual si se compara con las misiones de Valero, Concepción y San José. En lugar de los campanarios románicos, Capistrano tiene una sola pared frontal adornada con una trinidad de campanas sobre las puertas del portal; la campana superior, la tercera, evidentemente, fue un añadido posterior. La iglesia y la nave tienen una forma cruciforme alargada, y los transeptos cercanos a la puerta principal son bastante cortos. Sin embargo, la singularidad del edificio sugiere una unidad de propósito, pero ahora es imposible saber si el arquitecto tenía esa idea en mente. Por supuesto, la misión contaba con el convento habitual, dependencias para los indios y múltiples salas para almacenes y talleres.

86 Marion A. Habig, 167.
87 *Ibid.* 167.

Aunque Capistrano contaba con todo el equipo y el personal necesarios para una misión, el padre Morfi, durante su viaje de inspección de 1778-1783, informó que Capistrano era simplemente adecuada y no se comparaba con Concepción o San José. Por muy crítico que esto parezca, no es difícil, incluso hoy, comprender por qué el padre Morfi pudo tener una visión bastante miope de Capistrano. La misión sigue pareciendo alejada del centro de la catedral de San Fernando y uno experimenta una especie de aislamiento cuando la visita. Al imaginar la zona hace 250 años, sin las carreteras y las casas y edificios circundantes, es fácil imaginar la desolación que debieron experimentar tanto en la zona de esta misión como en aquellas primeras misiones de oriente.

Como ya hemo dicho, en Concepción, en 1771, el esfuerzo del Capitán Luis Antonio Menchaca para traer nativos de las regiones costeras al área de San Antonio resultó en 107 neófitos adicionales para los franciscanos. De ese número, sesenta y cinco fueron colocados en Capistrano. Durante los dos años siguientes, la misión funcionó tan bien como cabía esperar. Cuando el gobierno español expulsó a los jesuitas en 1773, se pidió a los misioneros franciscanos del Colegio de Querétaro que sustituyeran a sus hermanos jesuitas en California, Arizona y el norte de México. En ese momento los franciscanos del Colegio de Zacatecas tomaron el control formal de esas misiones en Texas. El siguiente informe de la misión Capistrano describía, con cierto detalle, las estructuras y los habitantes de la misión. El padre José Francisco López escribió al Gobierno español que Capistrano tenía 58 neófitos y los agrupó en parejas casadas, solteros e hijos y viudas y viudos. El informe de López también mencionaba que, de estos nativos, la mayoría era del grupo de los marahuitos, pero incluía a los pamaques y orejones.

El decreto de secularización de 1794 ordenó que Pedro Huízar, de nuevo, fuera contratado para inspeccionar los terrenos y propiedades de la misión. En aquel momento, solo residían en la misión treinta y seis nativos. Huízar dividió la tierra en parcelas para cada familia y posteriormente repartió los utensilios, animales y equipo entre las mismas. Los registros de esta época indican que las incursiones apaches y el impuesto sobre el ganado sin marca habían hecho mella en las provisiones disponibles. En los doce años siguientes, la misión de Capistrano se convirtió en una submisión *de la misión de San Francisco de la Espada*, y el misionero residente viajaba entre ambas para administrar los sacramentos. Como misión en sí misma, Capistrano vio su fin muy pronto:

> «En 1823 el Gobierno del México independiente decretó su secularización total y completa; y al año siguiente el padre Díaz de León entregó la iglesia de San Juan Capistrano y su mobiliario al párroco interino de San Fernando. De este modo, la misión dejó finalmente de existir».[88]

Como en todas las misiones de la región de San Antonio, el siglo XIX fue una época de agitación seguida de poca atención para las misiones. Quirarte menciona que «el techo que voló el huracán en 1886 fue reemplazado en 1907».[89] Viajeros como Bartlett, Roemer y Kendall tomaron nota de la fragilidad de la misión. Cuando uno escribía sobre el desmoronamiento de las paredes, otro señalaba que el suelo del interior de la iglesia estaba destrozado para enterrar tumbas. Fue en la década de 1830, durante el intento de independencia de los tejanos, cuando Antonio de Padua María Severino López de Santa Anna y Pérez de Lebrón (o simplemente el general Santa Anna) entró en la zona. Además de la notoriedad (o infamia, para algunos) que el general Santa Anna adquirió en la misión Valero, López de Santa Anna también dejó su huella en San Fernando, cuando desde esta atalaya dio la señal para atacar El Álamo, sin dejar prisioneros. Tampoco la misión de Capistrano, relativamente distante, pudo escapar a las atenciones del dictador. Según Burke:

> «Según se cuenta, fue en esta capilla donde el presidente y dictador mexicano Santa Anna "casó" a la niña a la que rebautizó con el nom-

88 *Ibid* 180.
89 Jacinto Quirarte, 141.

bre de Leota una docena de días antes de la batalla de El Álamo. Sus agudos y amorosos ojos se fijaron en ella mientras cabalgaba hacia la ciudad con sus tropas, y esa noche la hizo llevar a sus aposentos para convertirla en su amante».[90]

Como cabe imaginar, se ha especulado mucho sobre el valor de verdad de este suceso. Algunas fuentes dicen que *Leota* era Melchora Iniega Barrera, la hija de diecisiete años de una de las familias que vivían alrededor de la antigua misión. El relato afirma que permaneció con el dictador durante varios días, pero que fue enviada de vuelta a México antes de la derrota de Santa Anna en la batalla de San Jacinto. No es difícil imaginar que el relato sea válido si se tiene en cuenta que los otros dos matrimonios de Santa Anna fueron ambos con mujeres menores de veinte años.

Santuario de la misión San Juan. *Highsmith, Carol M, photographer. Mission San Juan Capistrano. Photograph. Retrieved from the Library of Congress, <www.loc.gov/item/2015630394/>.*

90 James W. Burke, 90.

Durante las siguientes décadas, la misión de Capistrano sufrió la negligencia propia de su abandono. La misión, al igual que la de San Francisco de la Espada, deben gran parte de su actual estado de conservación a Francis Bouchu. Bouchu era un francés que llegó a Texas con veintitantos años y fue ordenado sacerdote católico en 1855 en Galveston, Texas. Al principio fue destinado a San Fernando, pero más tarde se le asignaron las iglesias de Espada y Capistrano. Aunque residió principalmente en Espada (y se le atribuye la restauración de gran parte de esa misión por sí mismo), Bouchu también se interesó activamente por Capistrano. Según Escobedo, Bouchu «restauró la iglesia y una casa postcolonial en el recinto, y reconstruyó partes de las antiguas murallas».[91] Lamentablemente, cuando Bouchu falleció en 1907, también cesaron las renovaciones de la misión. Aparte de algunas reconstrucciones realizadas en la capilla por los Hijos del Inmaculado Corazón de María a principios del siglo XX, no se realizaron más obras hasta que la WPA, en la década de 1930, descubrió partes del emplazamiento original aparte de la iglesia. En la década de 1960 se iniciaron otras obras en los muros y el interior de la iglesia.

Mientras el historiador Habig escribía su texto sobre las misiones de San Antonio, acababan de comenzar los trabajos arqueológicos en Capistrano. En ese momento, se reconstruyeron la iglesia, el convento y los edificios anexos a la iglesia. Con los recientes estudios arqueológicos en la mano, Habig escribió:

> «De hecho, se planeó construir una iglesia más grande y mejor en el lado este; y cuando todavía había un gran número de indios en la misión, en la década de 1760 sin duda, se comenzó la construcción. Pero una vez terminada la mitad de la estructura, hubo que abandonar el proyecto por falta de indios en la misión. Las ruinas de esta iglesia a medio terminar todavía se pueden ver en el lado oeste. Nunca se utilizó como lugar de culto».[92]

91 James T. Escobedo, Jr. Bouchu, Francis. *Handbook of Texas Online.* Consultado el 13 junio de 2016. Disponible en http://tshaoline.org/handbook/online/articles/fbo84.

92 Marion A. Habig 187.

Tras varios años más de pequeños esfuerzos de restauración, la misión se incluyó en el Registro de Lugares Históricos en 1972. Desde entonces, las cuatro misiones situadas a lo largo del río San Antonio han sido objeto de diferentes custodias conjuntas, asociaciones entre la Iglesia y entidades como el Departamento de Parques y Vida Silvestre de Texas y el Servicio de Parques Nacionales. Hace catorce años, este autor escribió un artículo sobre estas mismas misiones. Por aquel entonces, Capistrano no había tenido la restauración que luce hoy. Las paredes exteriores aún estaban grises y erosionadas. Además, lo cual resulta muy triste, las puertas de esta iglesia estaban entonces cerradas con candado. En el cartel de la puerta se leía que el motivo era que se había producido algún robo y como no había, en aquel momento, un empleado permanente que vigilara las instalaciones, la iglesia no había tenido más remedio que prohibir la entrada. Mas tarde se supo que, en agosto de 2000, habían robado del altar tres estatuas de madera que databan de la época colonial. Afortunadamente, desde la restauración, la seguridad ya no es un problema, aunque las tres estatuas siguen perdidas.

Fachada antes de la restauración. *Imagen cortesía de autor.*

El trabajo más reciente de 2014 y 2015, al igual que con las otras tres misiones en la zona, se completó principalmente por los esfuerzos de la archidiócesis a través de la administración del Padre David

García y varios equipos de arquitectura y renovación que empleó en el trabajo. En cuanto a las obras en Capistrano, el padre García declaró que la misión se encontraba en un estado muy frágil cuando comenzó su trabajo: «Hicimos una gran estabilización de San Juan porque estaba en peligro de derrumbarse. Tuvimos que pasar por debajo de la iglesia y poner pilares, vigas y otras cosas para estabilizarla». De hecho, fue durante la realización de estos trabajos bajo la iglesia cuando los trabajadores descubrieron más de lo que habían previsto. De nuevo, como relató el padre García:

> «Delante de la puerta de la iglesia encontramos quince conjuntos de restos humanos del periodo colonial. Tuvimos que dejar de trabajar en esa zona porque la Comisión Histórica de Texas tiene un protocolo que seguir: hay que pagar a los arqueólogos para que vengan a ver qué más pueden encontrar. Es la realidad de trabajar con edificios religiosos antiguos, porque los cementerios suelen estar justo en la puerta principal». A la pregunta de qué fue de esos *restos*, el padre García declaró lo siguiente: «En este caso, los enterramos al otro lado del recinto. El grupo nativo americano local participó en la ceremonia para hacerlo. Los restos tuvieron que ser verificados por los arqueólogos de la UTSA [Universidad de Texas en San Antonio], que me los entregaron y yo se los entregué al grupo de nativos americanos que celebraron una ceremonia que duró días».[93]

Como palabras finales, en ese momento, el padre García declaró que él, junto con los diversos grupos que le ayudaron en toda esta reconstrucción y restauración, están muy *orgullosos* de que en 2015 la misión de San Juan Capistrano también fuera incluida en la lista de Patrimonio de la Humanidad de la Unesco.

93 Fr. David García, en conversación con el autor, junio de 2016.

MISIÓN SAN FRANCISCO DE LA ESPADA

Con la excepción de la misión Valero, todas las misiones a lo largo del río San Antonio tuvieron sus comienzos en el este de Texas. La misión *San Francisco de la Espada* no es diferente.

Como se ha señalado anteriormente, la entrada de De León de 1690 produjo la misión de *San Francisco de los Tejas* en el este de Texas para la tribu nabedache, del grupo teja de nativos americanos. También hay que recordar que el ferviente padre Massanet fue contratado para dirigir la parte religiosa de esta entrada. Después de establecer la misión y de encontrar a la población india local agradable como conversos potenciales, Massanet y De León regresaron a Coahuila para pedir permiso para erigir una cadena de misiones a lo largo de la frontera oriental.

El virrey, Gaspar Conde de Galve, asignó a Don Domingo Terán de los Ríos, primer gobernador de Texas, para dirigir el grupo de regreso al este. Por su parte, Massanet llevó consigo a nueve sacerdotes franciscanos y algunos acólitos para llevar a cabo esta empresa. Uno de los elegidos para ayudarle fue nada menos que el infatigable fray Francisco Hidalgo.

También desde la entrada de Terán se estableció, inicialmente a lo largo de la costa, el complejo que se convertiría en La Bahía, como medio de apoyo desde el mar. Además, durante la ausencia de Massanet y Terán, el padre Casañas, relativamente solo en el desierto del este de Texas, había establecido la misión *Santísimo Nombre de María*, justo en el lado este del río Neches. Un esfuerzo de voluntad tan increíble como el que demostró el padre Casañas en aquel tiempo es, de nuevo, solo un testimonio de la fe y la determinación de algunos de estos sacerdotes. Así pues, cuando Massanet y Terán regresaron a las misiones orientales, en 1691, encontraron pruebas de cierto progreso, pero mucha más miseria de la que podían haber previsto. Una epidemia (una vez más viruela, sarampión o algún otro contagio) diezmó la población local, en 1690 y 1691, cobrándose no solo miles de nativos americanos, sino también algunos de los religiosos españoles. La situación era tan desesperada que cuando Terán partió de regreso a Coahuila en enero de 1692, seis de los misioneros decidieron volver con el grupo. De hecho, el escaso y poco frecuente reabastecimiento de estas primeras misiones en Oriente hizo muy poco por evitar el inevitable declive y abandono. Espinosa relató en su *Crónica* sobre la entrada de Terán y Massanet:

> «Entrado el año de '92, a principio de febrero, salió el gobernador con su real para la tierra afuera; y en su compañía parte de los religiosos que con él habían entrado, porque los infaustos *sucessos* de tan costosa jornada les hicieron caer de ánimo y suspirar por volverse a la quietud de sus conventos. Con la ausencia del gobernador y soldados fueron desflaqueciendo en mucha parte las estimaciones que al principio hacían los indios, pues de los quince soldados, unos se murieron, otros se vinieron fugitivos, y solo quedaron nueve, que como solos y libertados, no sabían mantenerse en la continencia debida a un cristiano, quitando muchas veces a los indios sus propias consortes; y de esto resultaba escándalo y muchas quejas de los indios, que daban a los padres, sin poder remediarlo ni con predicarles, ni con darles saludables consejos; porque como les faltaba no solo el temor de Dios, sino de los hombres, no tenían quien los *refrenasse*».[94]

Una vez más, la partida de Terán del este de Texas provocó fricciones entre él y Massanet cuando el gobernador había solicitado, y se le habían denegado, gran parte de los suministros de la misión para su viaje de regreso. Desde la mayoría de los puntos de vista, esto podría considerarse como el primer enfrentamiento, dentro del territorio de Texas, entre los franciscanos y el Gobierno español, el primer conflicto de filosofía dentro del sistema de misiones: si el propósito era convertir a los nativos americanos o simplemente subyugar y reclamar la tierra. Si hay una respuesta en este caso, hay que recordar que el grupo de Terán se fue con todo lo que pidió porque, sencillamente, lo tomó.

94 Fray Isidro Félix de Espinosa. 679.

Fachada de la misión San Francisco de la Espada. *Highsmith, Carol M, photographer. Mission San Francisco de la Espada, 2014. -04-15. Photograph. Retrieved from the Library of Congress, <www.loc.gov/item/2014631940/>.*

Las dificultades experimentadas por los que decidieron permanecer entre las tribus tejas durante los dos años siguientes solo pueden imaginarse. Los misioneros eran ignorados en gran medida por su propio gobierno, y la presencia militar era más una molestia que una ayuda. Así que, cuando se ordenó el abandono de las misiones de oriente y Massanet hubo enterrado las campanas y los cañones e incendiado la misión, se retiraron a Coahuila con cuatro de los pocos soldados que se habían quedado, desertando por el camino. Cuando llegaron a Monclova, el padre Massanet estaba tan agotado en cuerpo y mente que se retiró al Colegio de Querétaro para no volver a cruzar la frontera del río Grande. El padre Casañas fue misionero en Nuevo México, donde fue martirizado en 1696 por algunos indígenas. Y el padre Hidalgo nunca vaciló en su convicción de los éxitos religiosos potenciales que esperaban en los bosques del este de Texas, lo que fue instrumental en la entrada de Domingo Ramón de 1716 y 1717.

La expedición de Ramón estableció seis misiones, básicamente en la misma región oriental donde se habían hecho los esfuerzos anteriores. Fue esta entrada la que incluyó al padre Isidro Félix de Espinosa, custodio del Colegio de Querétaro, y también al padre Antonio Margil, custodio del Colegio de Zacatecas. Con tan distinguido grupo, la primera misión construida, de nuevo, en la parte oriental, se llamó *Nuestro Padre San Francisco de los Tejas.* Esta misión se fundó en julio de 1716 a unas tres leguas al este de la otra misión de los alrededores, y debía atender las necesidades espirituales de las tribus nacona y cacachau del grupo de los tejas. Se construyó en el lado oeste del río Neches.

A pesar de que el Gobierno había proporcionado un presidio esta vez, los problemas de los que escribe el padre Espinosa durante su estancia en oriente son difíciles de imaginar. Los problemas eran tales que, cuando se produjo la «invasión» francesa de 1719, finalmente todos los españoles de oriente partieron hacia la relativa seguridad de la zona de San Antonio para esperar la llegada y el apoyo del marqués de Aguayo para el regreso al este.

Mucho se ha descrito ya acerca de cómo la entrada de Aguayo, estando bien abastecida e informada, fue, por aquel entonces, inusualmente exitosa. Misiones y presidios se establecieron de nuevo no solo en el este de Texas, pero los de La Bahía finalmente tomarían su permanencia. La misión de San Francisco en el este adquirió un nuevo nombre, *San Francisco de los Neches* y el diarista Fr. Juan Antonio de la Peña describe los primeros logros de los franciscanos con gran detalle.

Aunque el padre Espinosa había conseguido que los nativos aceptaran permanecer en las misiones y desarrollar una especie de estilo de vida permanente, o pueblo, el acuerdo duró poco. Como escribió Habig, «probablemente los indios eran sinceros en sus promesas en el momento de la visita de Aguayo, pero eran volubles y no las cumplieron. No lograron establecerse en torno a la misión de San Francisco y las demás misiones restablecidas. Y en cuanto a los suministros para las misiones, los misioneros se enfrentaron a los mismos problemas que antes».[95]

Lo irónico es que, ante la pasividad de los nativos, el inspector de 1729, Pedro de Rivera y Villalón, decidió cerrar el Presidio de Nuestra Señora de los Dolores de los Tejas. Con esa acción, los franciscanos del Colegio de Querétaro decidieron cerrar su misión en el este y trasladarse a la zona de San Antonio. Al partir, los franciscanos del Colegio de Zacatecas permanecieron varios años más, atendiendo las necesidades religiosas de los indígenas americanos para quienes se habían realizado esas tres expediciones.

Así fue como la misión de San Francisco de los Neches fue trasladada, aunque solo aquellos elementos que eran móviles o capaces de ser transportados cientos de kilómetros, literalmente a pie, a la zona del río San Antonio. Allí la población aumentaba diariamente con nativos, ingleses, españoles, franceses, rusos, etc. Después de encontrar de nuevo un sitio adecuado, distante de las otras misiones ya establecidas en la región por al menos una legua, los franciscanos fundaron la misión de *San Francisco de la Espada.*

Se ha escrito mucho sobre el nombre de esta misión, casi tanto como sobre su historia. Parece que nadie sabe a ciencia cierta de dónde procede el nombre de *Espada.* Burke escribe que el título se asocia directamente con San Francisco, quien, mientras experimentaba una visión, «se vio en un espléndido aposento lleno de toda clase de armas, ricas joyas y hermosos vestidos marcados con el signo de la cruz. En medio de ellos estaba Cristo, que dijo: «Estas son las riquezas reservadas a mis siervos, y las armas con que armo a los

95 Marion A. Habig, 201.

que combaten en mi causa». De ahí que San Francisco pensara que iba a ser un gran soldado, y es de esta fase de su vida que la misión de San Francisco de la Espada recibió su nombre de militante».[96] Aunque se trata de una explicación muy romántica y asombrosa, Burke pasa por alto que, antes de ser *santo*, San Francisco fue, de hecho, un soldado, y además, uno muy bueno. Habig sostiene que la adición del apellido es similar a las de *de Valero, de Acuña* o *de Aguayo.* Sin embargo, su afirmación no se basa en un individuo concreto, sino solo en que Espada «estaba en uso como apellido español». Para apoyar esta afirmación, Habig menciona que un capitán del Presidio Nuestra Señora de Loreta de la Bahía se llamaba Manuel de Espadas.

Además, Habig sostiene que el apellido *Espada* no tiene nada que ver con la arquitectura de la fachada de la iglesia, teoría que, evidentemente, circulaba en la época en que escribió este artículo:

> «Espada no pudo haber derivado su nombre de la forma del campanario de su capilla, que algunos han pensado que se asemeja a la empuñadura de una espada; ya que, se llamaba *de la Espada* antes de que la capilla fuera construida o incluso planeada. Hasta la década de 1740, la misión de la Espada solo contaba con estructuras provisionales».[97]

Sea cual fuere el origen del honorífico *Espada,* no sería un salto de fe para nadie imaginar que aquellos sacerdotes, viviendo una vida tan dura como la suya y recordando los inicios marciales de su fundador, pudieran prestar un cognomen que reflejara el deber, el sacrificio, la fuerza y la perseverancia de un soldado dedicado e incondicional.

96 James W. Burke, 85.

97 Marion A. Habig, 202.

Acequia y acueducto que abastecen a los misiones. Aún en uso en la actualidad. *Imagen cortesía de autor.*

La misión de San Francisco de la Espada estaba a unas tres leguas (o 14,5 kilómetros) de la iglesia de San Fernando y de la misión de Valero, ambas consideradas el centro de San Antonio en aquella época. Incluso hoy en día, cuando alguien visita las cuatro misiones en un solo viaje, es muy fácil darse cuenta de lo distante, expuesta y amenazada que debió estar la misión. Los registros indican que los apaches asaltaban Espada con más frecuencia que las otras, y cuando otros problemas se abatieron sobre las misiones (la epidemia de 1739, por ejemplo), fue Espada la que más sufrió simplemente por ser la más remota. De este modo, la misión Rosario en Goliad y Espada sufrieron una desgracia similar. Los registros de los frailes y los escritos de varios autores mencionan que los nativos americanos que se congregaban en Espada estaban, a principios y mediados del siglo XVIII, a salvo, dentro de los muros de la misión, pero una vez fuera eran presa fácil de los apaches. Muchas de las historias son muy desagradables de leer, y mucho menos de relatar. Sin embargo, los apaches no eran, ni mucho menos, el único problema al que se enfrentaba la misión.

En 1736 la misión de Espada estaba al cuidado del padre Pedro Ignacio Ysasmendi. Recordemos que ese mismo año era el mandato de Franquis de Lugo como gobernador de la provincia. Habig señala que «él [Ysasmendi] fue señalado por el gobernador Franquis de Lugo como blanco especial sobre el que descargaba su mezquindad».[98] Aunque ya se ha mencionado la locura de Lugo, el resultado de su comportamiento y edictos (del gobernador) también sirvió para contrarrestar la autoridad de los frailes en las misiones. Y, cuanto más se alejaban de las misiones, esa falta de autoridad y respeto aumentaba con cada kilómetro sucesivo desde San Fernando. En la primavera de 1737, los nativos, con sus actitudes y creencias ya vacilantes, empezaron a abandonar la misión para volver al bosque. Cuando el padre Ysasmendi pidió algunos soldados para ayudar a buscar a los indios, el gobernador se negó. Luego, cuando los neófitos que quedaban dentro de los muros de la misión vieron que no se hacía nada para ayudar a recuperar a los que se habían escapado, también ellos se escoraron. Es de nuevo Habig quien señala que el custodio del Colegio de Querétaro residía en la misión de Concepción en ese momento y a él escribió el padre Ysasmendi pidiendo ayuda. El *padre Presidente* respondió que, por órdenes de Lugo, no podía hacer nada. Tal y como escribió Habig, «el 8 de junio, el padre Ysasmendi escribió al padre Presidente que todos los demás indios de la misión de San Francisco habían seguido el ejemplo de los tacames el día anterior y se habían ido a vivir al bosque. De los 230 indios que habían estado en Espada, todos ellos cristianos, no quedaba ni uno solo».[99]

Tras la destitución de Lugo y algunos intentos de recuperar a los *indios cristianos* que habían abandonado la misión, el padre Ysasmendi informó a finales de 1737 que 108 neófitos habían vuelto a vivir en la misión. Pero, la alegría iba a ser breve, ya que la epidemia de 1739, una vez más, destruyó la rutina y las vidas de todos los que vivían a lo largo del río San Antonio. En ese momento, los registros indican que Espada tenía aproximadamente 120 nativos americanos viviendo dentro o cerca de los muros de la misión.

98 *Ibid.* 204-205.
99 *Ibid.* 205.

Cuando pasó la calamidad, solo quedaban cincuenta. Entre los que perecieron durante este horror se encontraba nada menos que el padre Ysasmendi. Esta herida cicatrizó ligeramente con la expedición en 1771 del capitán Menchaca, que entregó a Espada veintiséis neófitos procedentes de la región costera.

Durante las décadas siguientes, Espada prosperó al igual que las demás misiones de la región. Los cultivos florecieron porque la acequia se mantenía adecuadamente e irrigaba los campos para todo el sistema de la misión de San Antonio. Una vez más, los informes del padre Ortiz, tanto en 1745 como en 1756, indican que en la misión se estaba haciendo un progreso constante. El informe de Ortiz de 1756 relata que la iglesia de piedra y mortero que había visto iniciada en el 45 estaba terminada. Ortiz señaló que la nave era cruciforme y medía aproximadamente treinta y seis varas de largo y catorce varas de ancho. Desgraciadamente, como menciona Quirarte, «la iglesia de Espada fue reconstruida varias veces. La sacristía sirvió de capilla provisional durante todos esos períodos de construcción».[100] Estos años intermedios aún fueron prósperos para la misión. La pequeña capilla tenía dos altares, el convento era de dos pisos y contenía cuatro habitaciones arriba y tres abajo, y el granero era de piedra y argamasa, al igual que las paredes y otros edificios principales. De las viviendas de los indios, el padre Ortiz menciona que en 1756, sus viviendas de piedra aún estaban en construcción y muchos vivían en jacales de piedra y barro a lo largo de la zona ribereña, justo fuera de los muros de la misión. En ocho años se habían terminado los apartamentos de piedra y la mayoría de los nativos de la misión vivían dentro del recinto. Habig informa que «el número de familias indias que vivían en la misión en 1762 era de cincuenta y dos, y el número total de personas era de 207. Para su defensa, la misión contaba con dos cañones giratorios y dieciséis armas de fuego con suministro de munición».[101]

100 Jacinto Quirarte, 149.
101 Marion A. Habig, 213.

Durante aproximadamente treinta años, los misioneros a cargo de Espada habían intentado ampliar la misión construyendo una capilla más grande en la que celebrar los servicios. Estos esfuerzos parecen haberse mantenido incluso después de que los misioneros de Querétaro ocuparan las misiones jesuitas en el desierto de Sonora, entregando sus cargos a los misioneros del colegio de Zacatecas. Durante todo el tiempo transcurrido desde la década de 1730 hasta la de 1770, cada uno de los sucesivos misioneros había intentado erigir una nueva capilla. Sin embargo, como hemos escrito, todos estos intentos fracasaron por falta de recursos.

Algún tiempo antes de 1777, el padre Morfi visitó la zona de San Antonio con Teodoro de Croix; la iglesia que había estado en proceso de construcción en la misión de San Francisco durante mucho tiempo parecía haberse terminado, pero estaba mal construida y tuvo que ser derribada porque corría peligro de derrumbarse.[102]

Morfi describió todo el complejo como «mal organizado y sencillo». En cambio, sí mencionó que la misión estaba cumpliendo su labor al incluir a los mariquitas y los pacaos entre las tribus nativas americanas allí reunidas; en total, Morfi escribió que 133 personas vivían en Espada durante su visita.

Como todas las misiones de la región, Espada fue parcialmente secularizada en 1794 y, una vez más, Pedro Huízar recibió el encargo de inspeccionar el terreno y hacer inventario de todas las provisiones, herramientas y animales de la misión. Estos se repartieron entre los indios que vivían allí.

Según los registros de la época, a partir de 1813 solo hubo un sacerdote a cargo de las cuatro misiones fuera de San Antonio. El padre Bernardino Vallejo estuvo a cargo de los ritos y sacramentos en San José y Espada durante algunos años. En 1820, encomendaron al padre Anzar, de La Bahía, a que diera la extremaunción a un residente de Espada.

102 *Ibid.* 215.

Santuario de la misión San Francisco de la espada. *Highsmith, Carol M, photographer. Mission San Francisco de la Espada. 2014. Photograph. Retrieved from the Library of Congress, <www.loc.gov/item/2015630398/>.*

El último franciscano a cargo de las cuatro misiones a lo largo del río San Antonio fue el padre José Antonio Díaz de León. El padre Díaz era sacerdote cuando, en 1824, se completó la secularización final de la misión, y fue él quien firmó las listas finales de inventario y las entregó al sacerdote de San Fernando. Debido a esto, la misión pronto comenzó su decadencia definitiva: «Durante los años que siguieron a la secularización de la misión, aunque la gente continuó viviendo allí, la iglesia estaba completamente abandonada».[103] Las anotaciones más valiosas de estos años en la historia son, tristemente, que las pocas personas que eligieron vivir cerca de la misión fueron constantemente atacadas por nativos hostiles. El siguiente acontecimiento histórico importante se produce en octubre de 1835, cuando Bowie y Fannin, junto con un centenar

103 *Ibid.* 224.

de hombres, ocuparon Espada y rechazaron a una fuerza mexicana que les doblaba en número. Esto sugeriría al menos que los muros y la capilla de la misión seguían en pie en aquel momento. Ese mismo año, según Burke, el famoso forajido Sam Bass acampó en Espada y, como uno de sus muchos escondites tejanos, ocultó allí gran parte de los beneficios de sus robos.

Poco más de veinte años después, el resuelto padre Bouchu se interesó especialmente por la misión y, al igual que en San Juan, dedicó gran parte de su tiempo y energía a reconstruir lo que los años habían marchitado.

> «Con sus propias manos reconstruyó los muros laterales sobre los antiguos cimientos, y luego los enlució y encaló. Puso un tejado de hojalata en la capilla y colocó puertas en las entradas. En el interior de la capilla colocó un suelo de madera, construyó un coro alto, colocó una barandilla en el santuario e instaló bancos sencillos pero resistentes. Aún quedaban algunas estatuas antiguas de San Francisco, la Virgen y el Cristo Crucificado. Las reedificó y las colocó en el altar del santuario».[104]

El padre Bouchu vivió en Espada el resto de su vida, atendiendo esta misión y la de San Juan. Llevaba un registro minucioso de todos los catecismos, matrimonios y bautizos que realizaba en la zona. También escribió un catecismo para niños, en español, que primero imprimió él mismo y luego reimprimió durante muchos años. Bouchu murió en San Antonio en 1907. Es muy posible que, sin su dedicación, todos hubiéramos perdido este extraordinario edificio.

En 1911 se acometió una nueva restauración y se construyeron un techo y una techumbre nuevos. El viejo suelo se sustituyó por ladrillo y la iglesia volvió a estar abierta para misa en 1915. Ese mismo año se abrió una escuela en la misión, dirigida por las Hermanas del Verbo Encarnado. Esta escuela sirvió a la comunidad hasta 1967.

Cuando comenzaron los trabajos de restauración en las otras tres misiones a lo largo del río San Antonio, la misión Espada no

104 *Ibid.* 226.

quedó excluida. Los equipos de arqueología, restauración y renovación que el padre García organizó, a partir de 2008, prestaron a Espada la misma atención al detalle que habían recibido todas las demás. Por su parte Quirarte sostiene que «la única parte original de la iglesia es la pared frontal o la fachada. El padre Bouchu añadió todos los demás muros durante los años que van de 1858 a 1907».[105] Sin embargo, con el diseño morisco de la puerta y el maravilloso campanario de dos pisos, es una especie de milagro que, si solo una parte de la misión iba a sobrevivir, fuera esta. Además, se cree que el icono de San Francisco que adorna el altar mayor es también de la misma época, el mismo que el padre Bouchu reparó cuando vivía en la misión hace más de un siglo.

Hoy en día, al igual que las otras tres misiones a lo largo del *Camino de las misiones Españolas* (o *Camino Real*), Espada es una iglesia católica comunitaria activa con un horario regular de misas. También se incluyó como parte de los sitios de la UNESCO en 2015.

Las cuatro misiones del Camino de San Antonio son, en una palabra, extraordinarias. Sus creaciones, viajes, historias y posterior revitalización cuentan una historia que no suele estar disponible en los Estados Unidos; esa historia es todavía relativamente nueva. Eso no quiere decir que el trabajo esté terminado; es solo el período en el que nos encontramos. Las últimas palabras sobre estas cuatro increíbles iglesias corresponden al padre García:

> «Es un trabajo interminable, porque estos edificios son tan antiguos que siempre tienes que estar mirando cuál es el siguiente proyecto. Es decir, que hayas hecho una restauración no significa que puedas volver dentro de veinticinco años, tienes que estar encima constantemente».[106]

105 Jacinto Quirarte, 157.
106 Fr. David Garcia, en conversación con el autor, junio de 2016.

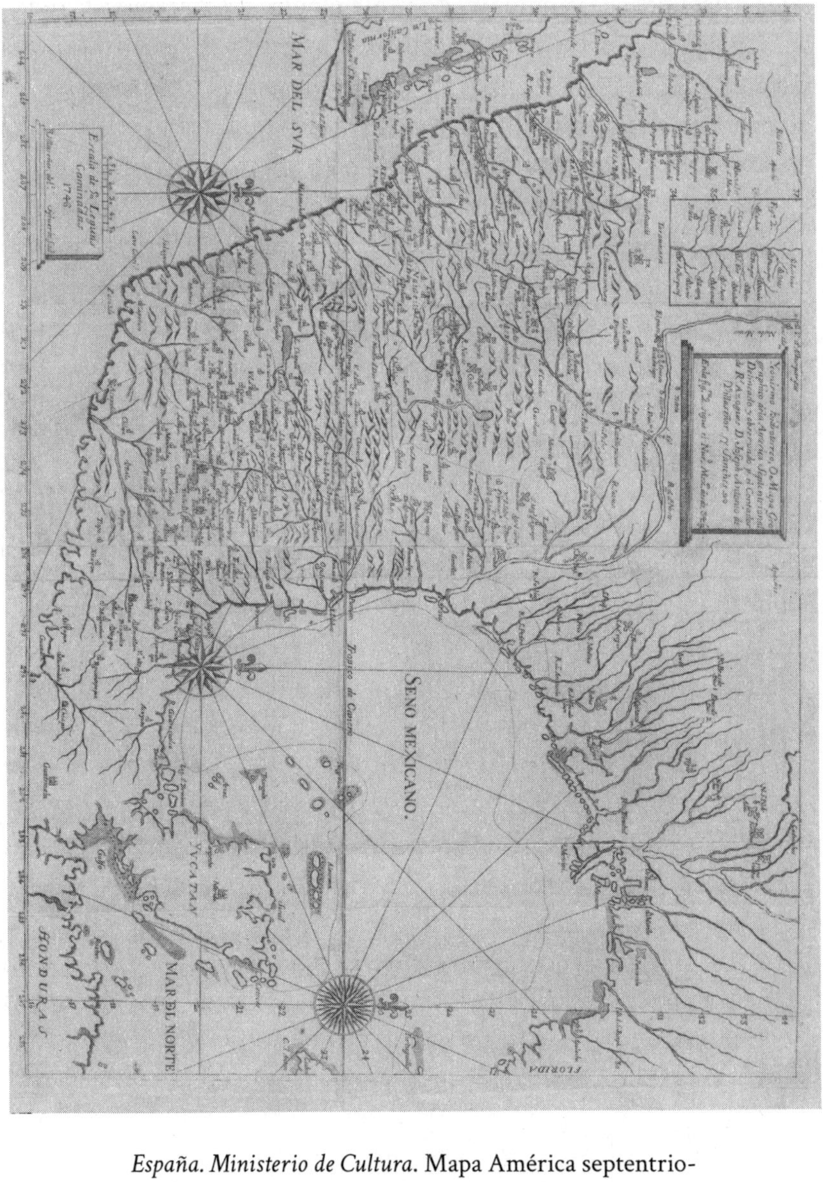

España. Ministerio de Cultura. Mapa América septentrional. *Archivo General de Indias: MP- Mexico 161.*

CAPÍTULO 5
LAS MISIONES Y LOS PRESIDIOS DE SAN XAVIER, SAN SABÁ Y EL CAÑÓN

Apachería, en el siglo XVIII, describía una zona de tierra que se extendía desde justo debajo de la región de Llano Estacado, en el oeste de Texas, a través de Nuevo México y hasta Arizona. Dentro de los límites de lo que se convertiría en Texas, este territorio abarcaba desde cerca del pueblo de Balmorhea en el oeste, extendiéndose hacia la zona de San Antonio en el este, tocando la región del parque nacional Big Bend en el sur y terminando en el noroeste, donde vagaban las tribus comanches y taovayas, territorio conocido como *Comanchería*. La actual autopista I-10 habría dividido en dos esta enorme extensión.

Como se ha mencionado muchas veces, remontándonos a la época en que los españoles empezaron a dejar su huella en el este de Texas, casi todas las tribus nativas americanas del territorio tejano eran hostiles hacia los apaches, y estos hacia los demás. En particular, las tribus apaches hostigaban continuamente a los colonos españoles, tanto soldados como religiosos, por su asociación con aquellos nativos que habían sido hostiles a los apaches durante generaciones. Además, aquellos nativos que habían resuelto permanecer dentro de las misiones de los franciscanos se convirtieron en blanco frecuente de los belicosos apaches. A medida que la zona de San Antonio crecía y los surcos del Camino Real se hacían más profundos y evidentes, la cuestión apache era un asunto con el que había que actuar. Para el Gobierno español, la respuesta era sencilla: darles caza y matarlos, o convertirlos a todos en esclavos. Esta solución militarista era un anatema para los franciscanos. Su deseo y plan era precisamente el contrario; los frailes querían pacificar y convertir a los apaches lipanes colocando misiones en su territorio. De este modo, según creían los sacerdotes, todas las tribus nativas aprenderían a coexistir. Y, como de costumbre, estas dos filosofías contradictorias iban a proceder unidas para luego deshacerse mutuamente, siendo la una, por su naturaleza, incapaz de existir con la otra.

En mayo de 1745, los nativos americanos del grupo tonkawa (mayeye, yadosa, yojuanes, etc.) se acercaron al padre Mariano Francisco de los Dolores y Viana, uno de los sacerdotes a cargo de la misión Valero en San Antonio, para establecer una nueva misión en su área justo al noreste de San Antonio a lo largo del actual río San Gabriel (por aquel entonces, el San Xavier). El padre Dolores, en cooperación con el otro sacerdote de San Antonio de Valero, fray Benito Fernández de Santa Ana, se comprometió a satisfacer estos deseos. Los nativos ya habían seleccionado un sitio para los sacerdotes y, unos meses después, el padre Dolores, acompañado por un colega queretano y visitante del territorio, el padre Francisco Xavier Ortiz, se reunieron y discutieron el potencial proyecto. El padre Dolores se sintió particularmente atraído por la expedición y accedió a pedir permiso formal al Gobierno para los suministros necesarios. Fue el padre Dolores quien se quedó con los neófitos mientras Ortiz regresaba para hacer la propuesta a sus superiores en Querétaro.

Las autoridades del colegio aceptaron de buen grado el proyecto, sobre todo porque los nativos ya se habían congregado en un lugar. Después comenzó la larga espera para obtener la aprobación oficial de Ciudad de México, desde donde tendrían que afluir el dinero y el personal necesarios. Algunos funcionarios se opusieron a la empresa, alegando que la tierra era estéril y estaba demasiado expuesta a los ataques de los apaches. Sin embargo, fray Dolores no perdió el tiempo. Había construido, mientras esperaba la proclamación «oficial», una misión temporal llamada *Nuestra Señora de los Dolores del Río de San Xavier.* Los nativos habían pedido y esperado este esfuerzo durante tanto tiempo que el padre Dolores pronto se encontró no solo con un gran éxito en sus deberes, sino también sobrecargado. Como señaló Bolton, «había más indios de los que se podían mantener, a pesar de los suministros que fray Mariano [Dolores] había traído; y antes de finales de marzo se vio obligado a decir a los neófitos que no solicitaran más tribus, que negaran alimentos a todos los que ya estaban allí, excepto a los que estaban ayudando en los campos y en las misiones, y que enviaran un mensaje a las tribus en camino para que se mantuvieran a una distancia conveniente».[107]

Aunque tardó dos años en llegar, el proyecto fue aprobado. Sin embargo, como señala Weddle, las autoridades tenían otros intereses que motivaron su decisión: «Había que ganarse a los indios reunidos en las misiones de San Javier frente a los franceses, que habían establecido relaciones comerciales con ellos. Y, siendo enemigos de los apaches, había que protegerlos de ellos».[108] Finalmente, el virrey Francisco de Güemes y Horcasitas, conde de Revilla Gigedo dio su bendición al proyecto y aprobó la construcción de tres misiones a lo largo del río, cerca de la actual, Rockdale, Texas, con dos religiosos cada una del Colegio de Querétaro para atenderlas. La misión de *San Francisco Xavier de Horcasitas* se estableció formalmente en mayo de 1748. Nueve meses después, la misión de *San Ildefonso* fue erigida en febrero de 1749 para este mismo grupo nativo y, como indican las fuentes, estaba muy cerca de la misión Xavier. El padre Juan José

107 Herbert E. Bolton. The Founding of the Missions on the San Gabriel River, 1745-1749. The *Southwestern Historical Quarterly 17,* no. 4 (1914): 323-78. Disponible en http://www.jstor.org/stable/30234610.

108 Robert S. Weddle, *After The Massacre: The Violent Legacy of the San Sabá Mission,* Lubbock: Texas Tech University Press, 2007. 30-31.

Ganzabal fue encargado de esta segunda misión. En San Ildefonso se reunieron varios miembros de la tribu coco. Colectivamente, con los miembros de sus tribus confederadas tonkawa que ya residían en ambas misiones, se erigió una tercera misión dos meses después, la misión *Nuestra Señora de la Candelaria*.

Al principio, con las tres misiones tan cerca unas de otras (literalmente en línea, a aproximadamente una legua de distancia una de otra a lo largo de la orilla sur, con un afluente más pequeño corriendo detrás) y todas administrando al mismo grupo de nativos americanos, las cosas progresaron como los misioneros y los nativos habían esperado.

Con las misiones prosperando, los funcionarios empezaron a deliberar sobre la mejor manera de gestionar y proteger sus intereses. En un primer momento, el Gobierno, como era habitual, pensó en construir un presidio cerca de las tres misiones. El padre Ortiz, que ya tenía problemas con los treinta soldados asignados a las misiones, sugirió que en su lugar se fomentara una comunidad de colonos. Habiendo visitado la misión de San Antonio de Valero durante algún tiempo, había visto el éxito que la inmigración podía tener en los neófitos, abogando por una mano doméstica en lugar de militarista. No obstante, el Colegio de Querétaro solicitó, y le fue concedido, un presidio para sus empresas. Irónicamente, cuando se tomó la decisión (que fue literalmente años de disputas y discusiones) de construir un nuevo presidio para las misiones de San Javier, sería esta obra, destinada a proteger y servir a los misioneros y a los nativos, la que profanaría las misiones y su propósito.

El Presidio de San Xavier de Gigedo fue autorizado en 1751. El capitán Felipe de Rábago y Terán recibió el mando del complejo y de su guarnición de cincuenta soldados. Al principio, se permitió a los soldados tener consigo a sus familias. Más tarde, cuando los frecuentes ataques apaches debilitaron la determinación de muchos de los miembros del complejo, las familias fueron enviadas de vuelta a San Antonio, lo que solo sirvió para envenenar las ya enconadas animosidades entre religiosos y militares. Los soldados se quejaban de que ahora no había nadie que pudiera prepararles la comida después de un duro día de trabajo, así como de que sus esposas ya no estaban para limpiar sus apartamentos en las misiones y en el presidio. La desventaja sexual no debería mencionarse; sin embargo, fue esta última queja la que condujo a un comportamiento licencioso, lascivo y libertino. Los soldados, con la entusiasta aprobación de su comandante, agarraban, manoseaban y violaban a las esposas e hijas de los nativos. Si los nativos varones se quejaban, solían ser golpeados, encarcelados o ambas cosas. Pero no solo los soldados violaban a los nativos americanos.

Vista exterior del presidio San Luis de las Amarillas reconstruido. En la actualidad se le conoce simplemente como San Sabá. *Imagen cortesía de autor.*

Justo en el momento en que se fundó el presidio Gigedo, las misiones de San Xavier habían progresado, con relativo éxito, durante dos años. Nativos y misioneros habían estado ansiosos por construir una relación duradera; fue, por brevísimos momentos, una situación singularmente beneficiosa para ambas partes. Sin embargo, la historia ha demostrado que las relaciones humanas se vuelven más intensas y volátiles a medida que su número aumenta con miembros singulares. A pesar de que las tribus coco, deadose y mayeye estaban dispuestas a permitir que los franciscanos llevaran a cabo el trabajo de su vida, la soldadesca española con frecuencia no estaba compuesta por soldados regulares y disciplinados, sino por los restos que podían recogerse de los costados y el fondo de los presidios y asentamientos periféricos. De los treinta soldados originales que llegaron a las misiones de San Javier, a muchos se les podía denominar como tales solo porque llevaban uniforme. Y, como siempre suele suceder, cuando la responsabilidad simplemente se da en lugar de ganarse, pronto se abusa de esa responsabilidad. Cuando se construyó el presidio y los cincuenta al mando del capitán Rábago llegaron a la zona de San Gabriel, la relación para todos los implicados en toda la región cambió para siempre y para peor.

Para complicar las cosas a los franciscanos, el entonces gobernador de Texas y Coahuila, Pedro de Barrio Junco y Espriella, se había opuesto desde el principio a las misiones en la región de San Gabriel. Cuando el virrey Gigedo le ordenó visitar la zona y buscar un emplazamiento adecuado para un presidio, su recomendación fue consolidar las tres misiones en un solo recinto y trasladarlo a la cuenca del río San Marcos. De este modo, los misioneros vieron obstaculizada su labor, una vez más, por aquellos de quienes deberían haber obtenido el mayor apoyo. Y, una vez más, los neófitos fueron testigos de las luchas intestinas entre aquellos en quienes habían depositado su confianza y seguridad. Esta situación, unida a los abusos diarios a manos de los soldados, provocó que muchos de los neófitos abandonaran las misiones. La disminución de su número no hizo sino reforzar la postura del gobernador Barrio de que estas misiones no estaban suficientemente pobladas como para justificar más suministros. En realidad, el tañido de la campana había sonado en cuanto se le dio el mando al capitán Rábago. Un incidente, que comenzó mientras se reclutaban soldados en San Antonio para el Presidio de San Javier, arruinaría el trabajo de los padres Dolores y Ortiz en San Javier.

Al capitán Rábago no le gustó su misión desde el principio. Mientras aún estaba en San Antonio reclutando soldados para la nueva guarnición, Rábago había seducido a la mujer de un soldado,

Juan José Ceballos. El marido cornudo se enteró de la aventura mientras se dirigía al complejo de misiones. Ceballos se quejó al capitán. El capitán reprochó al soldado que se atreviera a insultar a un superior y lo mandó arrestar. Una vez en el presidio de Gigedo, Ceballos fue puesto en el cepo.

En esa época, el fraile encargado de la misión Candelaria, fray Miguel Pinilla, era también el cura de la iglesia del presidio. El padre Pinilla, después de enterarse de la situación (debemos recordar, aquí, que las familias de los soldados en ese momento vivían en el recinto del presidio y las misiones. La esposa de Ceballos seguramente también estaba allí), pidió y luego exigió que el capitán cesara el asunto y liberara al soldado. El padre Pinilla fue desairado y burlado.

En algún momento, Ceballos escapó de la cárcel del presidio y se refugió entre los muros de la misión Candelaria. Mientras el padre Pinilla intentaba encontrar una solución, el capitán Rábago se enfurecía. Hizo todo lo posible para que el padre Pinilla fuera destituido como cura del presidio. A su vez, los misioneros escribieron sus cartas al Colegio de Querétaro pidiendo ayuda, o, incluso que les quitaran el presidio. No parecía haber otra manera de hacer frente a la hostilidad de los militares. Como comentó Weddle «el propio padre Dolores, que había sido el espíritu impulsor de la fundación de las misiones y del presidio, pedía ahora al virrey que hiciera desalojar el presidio de San Javier, prefiriendo arriesgarse a las depredaciones de los indios hostiles antes que a los excesos del licencioso capitán».[109]

La situación no hizo más que empeorar. Rábago empezó a animar a sus subordinados a que le trajeran mujeres de entre la población indígenas. Sin embargo, de los que habían quedado, los nativos veían con incredulidad cómo sus tutores y protectores se peleaban entre ellos mientras sufrían las atrocidades e indignidades cometidas por los soldados. Los religiosos no veían una salida expeditiva

109 Robert S. Weddle, *The San Saba Mission*, 33.

a esta intratable situación. Cuando el padre Pinilla se enteró (mientras confesaba) de otra relación adúltera entre un oficial y la mujer de un soldado raso, se hartó. Fray Pinilla dio instrucciones al padre Juan José de Ganzábal, que presidía la misión de San Ildefonso, para que llevara un mensaje al presidio. La nota anunciaba que, debido a todos los pecados del soldado, él, el padre Pinilla, como jefe de las misiones de San Xavier, excomulgaba a todos los de la guarnición. Weddle escribe que «la mayoría de los soldados pronto se arrepintieron, sin embargo, y en poco tiempo, a todos se les concedió la absolución».[110] A pesar de que este acto de caridad podría haber limpiado la infección de insubordinación, los acontecimientos posteriores aseguraron que nunca se produciría tal curación.

El 1 de mayo de 1752, los miembros de la nación coco, desilusionados, maltratados y desconcertados por todo lo que habían sufrido y presenciado, abandonaron en masa la misión Candelaria. Los religiosos, que ya no podían contar con la ayuda de los militares para recuperar a los nativos que huían, se permitieron unos días de respiro mientras trataban de ordenar sus limitadas opciones. Una semana y media después del éxodo de los coco, mientras los padres Pinilla y Ganzábal cenaban con Juan José Ceballos en la misión Candelaria, donde el soldado había encontrado refugio, un disparo atravesó una ventana y mató a Ceballos. El padre Ganzábal corrió a la puerta para intentar ver o atrapar al asesino, cuando él también recibió un disparo en el corazón; su muerte se debió a la flecha de un indio.

A los pocos días, un indio de la tribu sayopín, llamado Andrés, llegó a la misión de San Juan en San Antonio. Toribio de Urrutia, capitán del Presidio de San Antonio de Béxar, mandó arrestar a Andrés, quien pronto confesó haber disparado al misionero; su pago por el hecho, un caballo. Andrés también contó que todo el calvario había sido urdido por algunos de los soldados del presidio de Gigedo bajo la dirección del capitán Rábago. Las fuentes afirman

110 *Ibid.* 34.

que Andrés se retractó pronto, pero que Urrutia no quiso creerlo. Investigó e implicó a Rábago en ambos asesinatos y el capitán fue despojado de su mando y pasó ocho años en una celda en México (probablemente en la misión de San Juan Bautista) mientras se atendía su caso.

Aunque se había tratado con los culpables, el espíritu de las misiones de San Javier seguía marchitándose. La viruela volvió a extenderse entre las misiones, una larga sequía comenzó a secar el río hasta convertirlo en estanques inmóviles. Los nativos que quedaban se retiraron a sus antiguas guaridas. De hecho, como si una maldición se cerniera sobre la zona, el comandante elegido para sustituir y acusar al capitán Rábago, el capitán Miguel de la Garza Falcón, cayó víctima de la epidemia.

Resulta paradójico que la conciliación de los problemas en las misiones de San Javier haya llegado en forma de un familiar cercano de quien había hecho todo lo posible por erradicar las misiones. Tras la muerte del capitán de la Garza, su sucesor no fue otro que don Pedro de Rábago y Terán, tío de Felipe. La llegada de don Pedro había tardado tres años, pero su plan, si bien quizá no rescataba totalmente el ideal del padre Dolores, al menos ampliaba su intención. En contra de las órdenes virreinales, Rábago y Terán ordenó que las misiones y el presidio a lo largo del río San Xavier se trasladaran al río San Marcos, cerca de la actual San Marcos, Texas, en 1755. El motivo de esta ubicación era tanto intentar detener la hemorragia de las misiones de San Xavier como apoyar el plan, ya antiguo, de incorporar una presencia misionera española entre los apaches con los que tantos problemas habían tenido en las últimas décadas. Además de la zona del río San Marcos, los ríos Llano y San Sabá también habían sido explorados con el mismo fin. De hecho, el padre Santa Ana había sido partidario de tal medida durante algún tiempo, es decir, asentar a los apaches en misiones a lo largo del San Sabá dentro de Apachería. Por supuesto, las razones para hacerlo, como ya se ha mencionado, eran obvias: apaciguar y convertir a los apaches sería pacificar finalmente todo el territorio. Sin embargo, lo que los españoles no podían entender era que sus tratos con los apaches supondrían una traición a todos aquellos con los que acababan de gastar todos los años, esfuerzos y suministros anteriores intentando convertir. Como dice el refrán, «el amigo de mi enemigo es también mi enemigo». Y cuando Rábago y Terán murió, en 1756, en San Marcos, a causa de otra epidemia, aquellos frailes que habían soñado durante tanto tiempo con un asentamiento a lo largo del San Sabá tuvieron ahora su oportunidad.

Bandera colonial española. *Imagen cortesía de autor.*

Como el esfuerzo de San Sabá era atender a los apaches, se les pidió a los nativos de las tribus tonkawa que aún permanecían esperanzados y fieles en San Xavier que hicieran el viaje a las misiones de San Antonio para que allí se atendieran sus necesidades eclesiásticas. McCaleb escribe que los ornamentos de la iglesia, las campanas, la decoración y otros objetos sagrados también fueron trasladados a San Antonio. Algunos de estos artículos, unas décadas más tarde, fueron trasladados a la nueva misión *Nuestra Señora del Refugio,* que sería la última misión establecida en Texas y dirigida por el Colegio de Zacatecas.

Debido a las lentas maquinaciones del Gobierno colonial español, los planes para trasladar las misiones a la región de San Sabá tardaron en desarrollarse. Aunque más de mil apaches habían acudido a las misiones de San Marcos, la desesperación del lugar no podía soportar el idealismo de los españoles y los apaches fueron postergados. Solo se quedó fray de los Dolores, que siempre había soñado con una misión a lo largo del río Guadalupe, mientras que los demás se retiraban, una vez más, a San Antonio, a esperar instrucción, suministros y tranquilidad. La misión del padre de los Dolores, San Francisco Javier de Horcasitas, fue refundada a diez leguas de San Antonio, en el río Guadalupe, cerca de New Braunfels. Esta misión, la reencarnación de la primera en San Xavier, duraría unos dos años, cerrando en marzo de 1758 cuando las de San Sabá se realizaron finalmente.

El historiador Dunn, escribió hace poco más de un siglo que «la región montañosa al norte de San Antonio, atravesada por los ríos Pedernales, Llano y San Sabá, se había considerado durante mucho tiempo un lugar adecuado para fundar misiones para los apaches. Era el lugar de residencia favorito de estos indios, ya que su escabrosidad ofrecía numerosos bastiones contra las hostiles tribus del norte, y a su refugio solían huir los apaches después de una de sus extensas incursiones. En ningún lugar se sentían tan seguros como en sus refugios familiares a lo largo del San Sabá».[111]

Por supuesto, esta región es una gran parte de Apachería. Y fue este territorio el que el virrey español, el conde de Revilla Gigedo estuvo prospectando para las nuevas misiones lipanes. El padre Hidalgo

111 William Edward Dunn. The Apache Mission on the San Saba River; Its Founding and Failure. *The Southwestern Historical Quarterly 17,* no 4 (1914): 379-414. Disponible en http://www.jstor.org/stable/30234611.

había visto estas tierras unas décadas antes y había tenido la misma impresión. En aquel momento, al parecer, el único detractor de la idea era el gobernador de Texas, Jacinto de Barrios y Jáuregui. El gobernador Barrios consideraba que las propuestas de los apaches no eran sinceras debido a su reciente y belicoso pasado. Como escribe Weddle, «en la mente del gobernador, los apaches solo querían la protección de las armas españolas contra los hostiles comanches, y ahí radicaba el peligro».[112] Aunque muchos de los oponentes del gobernador, entre ellos los franciscanos, pensaban que sus sospechas eran estrechas de miras, la historia no puede sino alabar su clarividencia.

En los escasos registros de la época existen pruebas de que los franceses intentaron paralizar el avance español hacia Apachería durante algún tiempo, alegando que la zona ya estaba delimitada por ellos. Este gesto fue desoído por la junta convocada para discutir el asunto de las misiones y el posterior presidio. Este grupo aprobó una guarnición de 100 soldados con la mayor parte de las disputas debido a la queja de algunos sectores de que varios de estos hombres iban a ser tomados del presidio de Béxar. Este argumento se desmintió fundamentalmente con la supuesta verdad de que, en caso de éxito de los franciscanos con los apaches, las fuerzas armadas que custodiaban San Antonio resultarían superfluas. Y, superado este obstáculo, se allanó el camino para las misiones de San Sabá. El nuevo virrey de la región, Agustín Ahumada y Villalón, marqués de las Amarillas, promulgó el decreto formal en mayo de 1756, nombrando al coronel Diego Ortiz Parrilla comandante del nuevo presidio.

Al coronel Ortiz se le dio gran parte de la responsabilidad asociada con este nuevo esfuerzo misionero. Sus tareas incluían transferir la propiedad de las misiones de San Xavier a San Sabá, construir no solo su presidio, sino también tres misiones y, antes que esto, se le ordenó reunir a los cincuenta soldados de San Xavier,

112 Robert S. Weddle. *The San Sabá Mission*, 36-37.

otros veintidós del presidio de San Antonio y reclutar a otros veintisiete «de buen carácter moral».

Mientras las labores militares y de construcción recaían en Ortiz, los asuntos religiosos recaían en el padre Alonso Giraldo de Terreros. El padre de Terreros había servido a la corona con tanta distinción como el coronel Ortiz. Nacido en España, se había ordenado en México, con apenas veintidós años. Solo dos años antes de esta empresa, el padre de Torreros también había establecido la misión de San Lorenzo en Coahuila, México (sin duda, una de las principales razones de su nombramiento). Otra razón para el nombramiento del padre de Torreros fue que su primo, don Pedro Romero de Terreros, un rico dueño de minas, había prometido al virrey que él financiaría la expedición a San Sabá si su primo, Alonso, era puesto a cargo de las misiones. El Gobierno, debidamente apercibido, cumplió. Los términos estipulaban que el apoyo financiero de don Pedro era por tres años, que el suyo era solo eclesiástico (el Gobierno tendría que cargar con la cuenta de los militares) y, por último, que los religiosos necesarios se tomarían del Colegio de Querétaro y del Colegio de San Fernando de Méjico, que se había organizado un par de décadas antes, en 1734.

El coronel Ortiz y el padre Terreros se encontraron en el punto habitual de paso de México a Texas, en la misión de San Juan Bautista. El coronel había reunido a sus veintisiete soldados y Ortiz a su grupo. En el grupo del padre Terreros había dos misioneros del Colegio de Querétaro y otros dos del Colegio de San Fernando, uno de ellos el padre José de Santiesteban Aberín. También acompañaban al padre Torreros varias familias de nativos de Saltillo que, como ya era costumbre, actuarían como tutores auxiliares de los franciscanos en su labor de conversión de los neófitos.

Los dos grupos se reunieron en San Antonio y esperaron a que pasara el invierno de 1756. Durante este tiempo, el padre Dolores, que todavía atendía la segunda misión San Francisco Xavier de Horcasitas, pidió que su misión también fuera incluida en la generosidad de Pedro Terreros. El padre Terreros le explicó que tal decisión fiscal no le correspondía a él. La negativa solo sirvió para enfadar al padre Dolores, que había intentado, durante tanto tiempo, trabajar entre los apaches. El coronel Ortiz, que había tenido recelos sobre los apaches y las nuevas misiones desde el principio, tenía ahora un confederado religioso. Ambos se opusieron abiertamente a las misiones de San Sabá, incluso antes de que se construyeran. De hecho, el padre Dolores estaba tan resentido con fray Terreros que, primero, se llevó a un mozo que había sido enviado desde México para atender al sacerdote y, después, se negó a almacenar los suministros para las misiones de San Sabá en la misión de Valero, insistiendo, en cambio, en que debían guardarse a unos kilómetros de distancia, en Concepción. Además, como ocurrió en muchas de las misiones, la cuestión de quién tenía más autoridad, si los religiosos o los militares, fue otra de las razones del fracaso de la empresa. Pero el elemento que seguramente causaría el fracaso —al menos para el padre Terreros en aquel momento—, era el constante retraso del coronel Ortiz. Sin embargo, hay que tener en cuenta que era invierno y mientras los franciscanos estaban listos para moverse, los soldados no lo estaban. También estaba la cuestión de la gran cantidad de ganado vacuno y ovino que había que transportar desde la costa hasta San Sabá. Si se llevaban al norte en pleno invierno, gran parte del rebaño no sobreviviría al viaje. Por otra parte, el padre Terreros sostenía que, si se demoraban hasta el final del invierno, perderían el tiempo para plantar las cosechas, lo que garantizaría que no hubiera ninguna el año siguiente y que se malgastarían parte de los fondos de don Pedro. Además, cuando el ganado y las ovejas llegaron a San Antonio, el coronel Ortiz los pastoreó a lo largo del río San Marcos, ya que —decidió— no había suficiente espacio para ellos donde estaban. De hecho, a principios de la primavera, después de que el tren hubiera salido de San Antonio, casi todas las provisiones estaban retenidas a muchos kilómetros de distancia, en el San Marcos, custodiadas por un contingente de soldados.

Terreros se sintió aún más frustrado cuando el coronel Ortiz tomó una ruta tortuosa desde San Marcos, de vuelta a través de San Antonio, serpenteando durante más de una semana antes de llegar a la zona de San Sabá en abril. Tras llegar al lugar propuesto, Ortiz volvió a proclamar oficialmente que la región no era apta para el asentamiento. Ortiz señaló que, de hecho, a diferencia de lo que los apaches habían prometido antes, no estaban reunidos en el río para recibirles; no había ni un indio a la vista. Los sacerdotes replicaron que si los militares no cumplían sus obligaciones y órdenes de hacer lo necesario para los esfuerzos de los religiosos, volverían a México y presentarían quejas formales. Ortiz fue persuadido a quedarse.

Se decidió construir el presidio una legua más abajo del río para reducir la amenaza de que los soldados interfirieran en la instrucción de los neófitos; la misión debía estar en la orilla sur del río y el presidio en la norte. Como observó Weddle, «aunque este emplazamiento reducía la probabilidad de que los militares se entrometieran en los asuntos de la misión, hacía imposible su defensa en caso de ataque».[113]

La misión se construyó de la manera habitual, con la madera disponible y con paja o hierba. Se construyó una capilla, así como habitaciones para los religiosos, las familias tlaxcaltecas que acompañaban a los frailes y los neófitos que se esperaban. Todas las habitaciones y edificios necesarios se levantaron dentro de un fuerte muro defensivo exterior de madera. Se comenzó a construir una acequia de riego (que, según escribió Dunn en 1914, aún podía verse a lo largo del río), y finalmente se plantaron los cultivos. Aunque los planes habían sido para dos misiones, una para los sacerdotes de Querétaro y otra para los de San Fernando, solo se construyó la misión queretana, ya que, literalmente, no había indios en el lugar. Así fue como la misión de *Santa Cruz de San Sabá* tuvo sus inicios.

113 *Ibid.* 54.

Vista interior del presidio San Luis de las Amarillas reconstruido. *Imagen cortesía de autor.*

Al mismo tiempo, el coronel Ortiz se afanaba en levantar su guarnición. También construyó una muralla alta y defensiva y, en el interior, habitaciones de adobe para sus soldados, oficiales y sus familias. El presidio, como era habitual, incluía también una capilla para los soldados a la que acudía regularmente uno de los sacerdotes de la misión para oficiar misa, oír confesiones y administrar los demás santos sacramentos. La guarnición recibió el nombre de *Presidio de las Amarillas.*

Durante todo el principio del verano, ningún nativo, apache o no, vino a la misión. El padre Terreros se estaba frustrando y el coronel Ortiz estaba dispuesto a hacer las maletas. El padre Terreros envió al padre Benito Varela, que conocía la lengua apache, a buscarlos. Varela se dirigió a los soldados que aún custodiaban el resto de los suministros en el río San Marcos y les preguntó si habían tenido algún contacto con los apaches. Le dijeron que una mujer apache les había contado cómo su grupo había sido atacado a lo largo del río Colorado por una confederación de nativos tejas y que todos habían tenido que dispersarse o morir. Eran noticias descorazonadoras, pero los frailes no tuvieron que esperar mucho antes de que los apaches contactaran cerca de San Sabá.

A mediados de junio llegaron unos cuantos miles de apaches cerca del río San Saba. Los franciscanos estaban encantados; solo se puede adivinar la reacción de Ortiz y su guarnición. Los sacerdotes invitaron a los apaches, de los que sospechaban que eran los neófitos que habían prometido organizarse en las misiones más de un año antes, a unirse a ellos dentro del recinto. Los franciscanos se sintieron decepcionados al oír las afirmaciones de los nativos de que simplemente estaban de paso por la región, de camino a cazar tanto búfalos como aquellas tribus del norte que tan recientemente les habían atacado. Los sacerdotes estaban cabizbajos, pero Ortiz no se sorprendió. Ortiz, un avezado combatiente nativo y soldado experimentado, esperaba precisamente este tipo de comportamiento. El historiador H. H. Bancroft tenía la misma opinión belicosa, y poco más de un siglo después escribió:

> «La influencia misionera, un factor tan potente en el avance hasta este punto, era totalmente impotente contra estos brutales vagabundos; los tratados no servían de nada, ya que los indios [apaches] nunca los cumplían, excepto mientras les interesaba mantenerlos, como un medio de poner a los españoles fuera de guardia en preparación para nuevas hostilidades; el exterminio era el único remedio, una operación lenta que aún no se ha llevado a cabo por completo después de más de un siglo de esfuerzo».[114]

A estas alturas, incluso el padre Terreros se estaba exasperando. Escribía continuamente a su primo Pedro, expresándole su dolor y sus dudas. Incluso su colega de mayor confianza, el padre Francisco de la Santísima Trinidad, que había sido el más ardiente partidario de la misión después de Torreros, estaba perdiendo la esperanza. Cuando el mismo grupo de apaches regresó varios días después, de nuevo se alzaron las esperanzas de los misioneros. Sin embargo, la celebración espiritual duró poco. Los apaches dijeron a

---

114 Hubert Howe Bancroft, *The Works of Hubert Howe Bancroft; Volume XV. History of the North Mexican States vol. I 1531-1800.* (San Francisco. A.L. Bancroft & Co. 1884), 645-646.

los frailes que solo estaban de paso en su camino de regreso al sur. Abandonaron la zona demasiado pronto, e incluso entonces dejaron poco que pudiera haberse tomado como señal de su regreso para establecerse en la misión. Tanto el padre Torreros como el padre Trinidad escribieron cartas al virrey en las que decían que creían que habían fracasado, pero que permanecerían en la misión hasta que fueran llamados formalmente. El coronel Ortiz también había escrito al virrey pidiendo permiso para desalojar San Sabá. Sus tropas y fuerzas podrían ser mejor utilizadas al norte en la mina de plata de Los Almagres. Su petición fue rechazada y se le recordó al coronel sus responsabilidades para con los religiosos y su propósito.

Tras la marcha del grupo apache, la mayoría de los españoles empezaron a dudar de la razón de quedarse. Además de que no había almas que convertir y salvar, el hecho de que solo hubiera una misión erigida era una clara evidencia de que toda la empresa podía ser un enorme error. Era hora de que alguien tomara una decisión, de que pasara a la acción.

Pero sorprendentemente fueron los misioneros queretanos los que pidieron permiso para volver a México, dejando a dos de los de San Fernando al cuidado de la misión con el padre Terreros. Totalmente frustrados, los misioneros sintieron la inutilidad de su presencia aquí. La nueva misión no les ofrecía ninguna oportunidad de servir. Algunos de ellos pensaron que sería mejor regresar a México inmediatamente, en lugar de continuar con este esfuerzo infructuoso.[115]

El padre Varela, que había ido en busca de los apaches, fue el primero en marcharse. A continuación, los dos misioneros del Colegio de San Fernando empezaron a apoyar las aspiraciones que habían mantenido contenidas durante tanto tiempo; ellos también querían irse. En su carta al presidente de su colegio escribieron: «No encon-

115 Robert S. Weddle, *The San Sabá Mission*, 59.

tramos razón alguna para permanecer en esta empresa, que consideramos mal concebida y sin fundamento desde el principio».[116]

Se concedió el permiso, y estos dos también abandonaron la misión antes de que acabara el verano. A principios de otoño solo quedaban dos franciscanos en la misión: el padre Torreros y el padre Santiesteban, cada uno perteneciente a uno de los dos colegios de México. Fray Trinidad, en enero de 1758, fue enviado a México con cartas para el Gobierno y los dos colegios. Por las razones que fueran, llegó un misionero más justo después de la partida de fray Trinidad. El padre Miguel de Molina llegó a principios de febrero de 1758, procedente del Colegio de San Fernando. El contingente de religiosos, menos las familias de nativos que habían acompañado al padre Torreros, constituía la población de la misión. El presidio, en cambio, era mucho más activo, ya que allí se mantenían los soldados y sus familias. Dunn conjetura que «probablemente había trescientas o cuatrocientas personas en el presidio, de las cuales doscientas treinta y siete eran mujeres y niños».[117]

Aparte de los mencionados, los únicos nativos americanos que visitaron la misión fueron pequeños grupos de apaches que se dirigían al sur para cruzar el río Grande. Todos ellos contaron la misma historia. Un grupo muy grande compuesto por indios de las regiones del norte, los norteños, se estaban reuniendo para vengarse de los apaches. Los últimos meses de 1757 transcurrieron solo con rumores de este ataque. Entonces, a partir de febrero de 1758, los rumores se convirtieron en acción. A finales de febrero, un grupo de nativos atacó a los caballos del presidio durante la noche. Alarmado, el coronel Ortiz ordenó a seis soldados que cabalgaran y advirtieran al tren de suministros que se esperaba de la presencia de nativos potencialmente hostiles en la zona. Los seis fueron atacados por el camino y el informe que le trajeron a Ortiz le confirmó que los rumores eran

116 William Edward Dunn. *The Apache Mission on the San Sabá River; Its Founding and Failure*, 401.

117 *Ibid.* 402.

ciertos. Ortiz, el experimentado combatiente indio, intentó aconsejar a Torreros:

> «Parrilla [Ortiz] instó repetidamente a los padres a abandonar su misión y buscar protección en el presidio. Cuando desdeñaron su súplica, les instó al menos a que se acercaran al presidio, pero de nuevo se negaron. El 15 de marzo el coronel Parrilla envió a un soldado, Luis Padilla, a la misión a cinco kilómetros río abajo con un mensaje para el padre Torreros, pidiendo a los sacerdotes que vinieran al presidio y avisándoles de que el propio Parrilla iría a la misión esa tarde para escoltarlos. El mensajero fue rechazado».[118]

En vista de las circunstancias, y recordando que él, Ortiz, era responsable no solo de la protección de las misiones, sino también del presidio, de todos sus habitantes, del tren de suministros y su escolta, y también de los soldados que custodiaban los animales, puso a disposición de la misión ocho soldados. Era todo de lo que podía prescindir. Con este contingente de soldados, había aproximadamente treinta y cinco residentes en la misión.

En las primeras horas de la mañana del 16 de marzo de 1758, justo después de que el padre Torreros celebrara misa, llegaron a la misión gritos de «¡Indios!» procedentes de la orilla del río. Los que se atrevieron a mirar más allá del muro protector se horrorizaron al ver a unos dos mil indios, todos armados con rifles, lanzas, arcos y flechas, vestidos y ataviados para la guerra. Los indios, al ver que la puerta principal estaba cerrada y les impedía la entrada, vieron que entrar en la misión les supondría una gran pérdida. Como muchos de estos norteños pertenecían al grupo de los tejas, algunos eran conocidos de los ocupantes de la misión. Los taovaya, que constituían la mayoría del grupo atacante, utilizaron a estos viejos conocidos para intentar sobornar su entrada en la misión. Los nativos declararon que solo buscaban apaches y que no pretendían hacer daño a los españoles. Uno de los ocho soldados de la misión, Ascensio Cadena, reco-

118 Robert S. Weddle, *The San Sabá Mission*, 69.

noció a varios de los indios como algunos a los que había ayudado en las misiones de San Javier. Ahora, estos mismos indios le manifestaban sus intenciones pacíficas. Cadena le confesó al padre Torreros que suponía que las súplicas de paz eran auténticas.

Algunos relatos afirman que, debido a las promesas de no violencia y al reconocimiento de muchas de las tribus de tejas, los sacerdotes ordenaron abrir las puertas. Otros relatan que los indios, tras darse cuenta de la magnitud del miedo de todos los que estaban dentro, simplemente desmontaron, se dirigieron a la puerta y la abrieron ellos mismos. Sea cual fuere la historia, en unos instantes todo el recinto estaba plagado de cientos de indios hostiles. Los sacerdotes, excepto el padre Santiesteban, que había permanecido en la iglesia arrodillado ante el altar, intentaron apaciguar a los indios repartiéndoles regalos de tabaco y otros obsequios. Según testimonios posteriores, un jefe comanche que aceptó algunos de estos regalos con sorna, nunca desmontó de su caballo y parecía estar al mando del ataque. Parecía que el resto seguía las órdenes de este jefe.

Los nativos empezaron a irrumpir en la misión cogiendo todo lo que podían y destruyendo lo que no consideraban de valor. Exigían más caballos que los pocos que la misión tenía a mano y, cuando le dijeron que no había más, el jefe comanche preguntó si había más en el presidio. La respuesta fue afirmativa y el padre Torreros incluso se ofreció a escribir una nota a Ortiz para intentar adquirirlos. Nadie puede saber cuáles eran realmente las intenciones del padre Torreros. Lo más probable es que pensara que podría alertar al presidio de su difícil situación y conseguir algún tipo de ayuda para los demás. Sin duda, aunque lo hubiera conseguido, sabía que Ortiz no accedería a una petición tan descabellada; Torreros comprendía que este sería, de un modo u otro, su último esfuerzo como misionero.

El padre Torreros terminó de escribir su nota y se la entregó a un jefe de tejas. Mientras estaban fuera, los otros siguieron robando y destrozando todo en la misión. Muchos de los españoles se escondieron en el apartamento del sacerdote. Al cabo de unos minutos, el jefe de los tejas regresó furioso gritando que Ortiz había denegado la petición de más caballos, y que los soldados habían disparado contra ellos, causándoles la muerte a tres de sus guerreros El padre Torreros, en un último esfuerzo por evitar más violencia, sugirió que él mismo cabalgaría hasta el presidio para pedir los caballos. Así pues, Torreros, junto con uno de los soldados, José García, montaron y cabalgaron hacia la puerta principal. En cuanto llegaron a la salida, el padre Torreros recibió un disparo y cayó herido de muerte. Un momento después, García también murió en el acto. El tumulto se extendió ahora que se había disuelto cualquier signo de conciencia o fingimiento.

Sabiendo perfectamente dónde se escondían los españoles y los demás, los indios prendieron fuego a la zona. Luego, mientras peinaban habitación por habitación, otros llegaron a la iglesia donde el padre Santiesteban seguía arrodillado rezando ante el altar. Lo decapitaron donde estaba arrodillado. Su cuerpo carbonizado fue encontrado unos días después entre los restos humeantes. Su cabeza se encontró más tarde, en un almacén. Los restos de los dos mártires fueron enterrados uno junto al otro en el cementerio de la iglesia.

El padre Molina, con un brazo roto, y los supervivientes, que en total serían diez, tras unos días de cauteloso y penoso deambular, llegaron por fin al presidio. Su huida había sido posible gracias a un pequeño destacamento de soldados del presidio que, aunque fracasaron en su intento de rescate, crearon la suficiente distracción para que los demás salieran de sus escondites y se arrastraran hacia el presidio. Dos soldados de este envío de socorro nunca regresarían, pues fueron abatidos a tiros desde sus caballos. Hubo un soldado superviviente que llegó a San Antonio, y fue el primero en contar las horribles noticias. Afirmó haber cargado al padre Molina en su espalda hasta el momento en que le dispararon al hombro, asumiendo que la bala había pasado primero por el cuerpo de Molina. El relato posterior de Molina refutó la historia de este hombre. Obviamente el soldado mentía, pero como estaba herido y había cojeado todo el camino hasta San Antonio, nunca fue acusado de delito.

Ortiz esperó cuatro días para atreverse a inspeccionar las ruinas de la misión (el presidio también había sido atacado, pero los indios, inseguros del éxito en el presidio, se retiraron en algún momento de la madrugada del 18 de marzo), y quedó horrorizado por lo que presenció. El entierro de los muertos tuvo prioridad sobre cualquier otro asunto. En total, ocho españoles murieron durante la masacre. Y, a pesar de los estudios arqueológicos realizados en la década de 1960, no se han encontrado restos de la misión; de los sacerdotes enterrados, ninguno.

La noticia del ataque se extendió rápidamente por la región, pero el virrey de México no tuvo noticia de los hechos hasta veintitrés días después. Así informado, ordenó que todos los recursos disponibles acudieran en ayuda de San Sabá. Por supuesto, ya era demasiado tarde.

El terror causado por tan numerosa hueste de indios se extendió por Nueva España mucho más rápido que cualquier respuesta oficial. Fue más de un año después, en otoño de 1759, cuando el coronel Parrilla Ortiz, con una fuerza de 600 hombres, intentó vengarse de las tribus del norte. El caos resultante supuso un cambio en los planes españoles en el territorio. Como se ha dicho muchas veces, los nativos americanos, especialmente los del norte y el este, es decir, los comanches, taovayas, yanes, tejas, etc., armados con caballos españoles y rifles franceses se convirtieron en una fuerza con la que los escasos recursos españoles simplemente no podían competir. Como resultado, la misión de Santa Cruz de San Sabá nunca fue reconstruida. Es extraño, e incluso irónico, que el presidio de San Luis de las Amarillas permaneciera activo durante otros catorce años, aunque a partir de 1759 fue rebautizado simplemente como *Presidio de San Sabá*. Tras el ataque, el presidio fue reconstruido utilizando piedra y argamasa, su uso se debió principalmente a la antigua noción de que las colinas contenían plata y los españoles querían mantener una posición allí en el caso de que se pudieran encontrar más riquezas. Finalmente se ordenó el abandono del lugar en 1772.

Cuadro titulado *La destrucción de la misión de San Saba en la provincia de Texas y el martirio de los sacerdotes.* Atribuido a José de Páez. *Imagen disponible en Internet e incluida de conformidad con el titulo 17 U.S.C. sección 107.*

El emplazamiento de la misión de Santa Cruz de San Sabá nunca se ha recuperado del todo. El estado de Texas erigió un indicador en 1936, pero los trabajos arqueológicos de los años sesenta descubrieron restos de un asentamiento español en la orilla del río, a una milla de donde se colocó el indicador. Según Weddle, en este yacimiento se recuperaron más de 300 artefactos. Sin embargo, el emplazamiento del presidio es otro asunto.

Al final, se descubrió la posición del presidio, y se reconstruyó otro presidio que se encuentra hoy en día a las afueras de Menard, Texas. Sin embargo, este presidio, a pesar de que la reconstrucción se basa en la contabilidad real y original, es una reconstrucción de una reconstrucción anterior. El presidio original de San Luis de las Amarillas se habría extendido aproximadamente el doble de la superficie del actual. Durante el siglo XIX, como sucede a menudo, gran parte de la piedra utilizada para construir el presidio después de la masacre fue tomada por los colonos de la zona para construir cercas, casas, etc. Evidentemente, solo quedaba la puerta principal y una parte de la muralla antes de que alguien comenzara a restaurarla a principios del siglo XX. En esta puerta se encontraron inscripciones o grafitis (literalmente, arañazos) de James Bowie y del famoso geólogo alemán Roemer, entre otros. En 1936 y 1937, la Comisión del Centenario de Texas, financiada por la WPA, reconstruyó la parte noroeste del presidio, es decir, la puerta principal y la torre. En 1967, la Comisión de Construcción del Estado de Texas llevó a cabo un estudio topográfico y pruebas sobre el terreno. En 1981, James Ivey, de la UTSA (Universidad de Texas en San Antonio), llevó a cabo un trabajo similar. De 2000 a 2003, el departamento de arqueología de la Universidad Tecnológica de Texas realizó excavaciones y recuperó artefactos que incluían balas de mosquete, clavos y fragmentos de cerámica relacionados con la época. El Comité de Restauración del Presidio y la ciudad de Menard han completado la reconstrucción del mismo. Además, una parte de la acequia original todavía se puede encontrar en el centro de Menard.

La destrucción de la misión de San Sabá dio lugar a la *Campaña del río Rojo,* del coronel Parrilla Ortiz. Tras presentar su informe sobre la masacre y viajar a San Antonio, una junta militar en México decidió que Ortiz debía perseguir a los norteños responsables del ataque a San Sabá. Y, como se dijo, esta acción tardó aproximadamente un año en materializarse. Uno de los mayores problemas para Parrilla fue reunir las tropas suficientes para enfrentarse a lo que seguramente sería una importante fuerza india y luchar contra ella en su propio territorio. Muchos de los ciudadanos rechazaron la convocatoria para alistarse. Como resultado, el coronel Parrilla se vio obligado a reclutar a unos cientos de indios y cualquier otra cosa que pudiera reunir en el presidio de San Sabá. La fuerza de aproximadamente 500 hombres era un grupo variopinto de apaches, lipanes y nativos tlascaltecas combinados con soldados regulares, vaqueros, carpinteros, trabajadores de minas, etc.[119] La falta de voluntad y el miedo de gran parte del Texas y Coahuila españoles solo sirvieron de advertencia anticipada a Ortiz sobre el resultado de la expedición.

En el año transcurrido entre la matanza de la misión de San Sabá y el momento en que el coronel Parrilla volvió al campo de batalla, se habían producido muchas incursiones comanches por toda la región en las que habían muerto muchos colonos. Sin embargo, todos, desde el virrey hasta el ranchero, deseaban y necesitaban desesperadamente que Parrilla tuviera éxito, pero nadie parecía dispuesto a hacer suya la lucha. El coronel Parrilla se encontraba en una situación desesperada, se enfrentaba a un enemigo en su propia tierra que era más fuerte en número y determinación.

Ortiz Parrilla localizó un gran asentamiento de taovayas a orillas del río Rojo. Sus conocidas chozas de forma ovalada rodeadas de campos bien cuidados daban indicios de que Parrilla había localizado al enemigo anfitrión. Que una bandera francesa ondeara desde el centro del complejo no hizo sino tranquilizar a los españoles sobre las intenciones de su enemigo.

Una pequeña banda de indios montados llevó a los españoles hasta la suave orilla del río, donde era difícil maniobrar. Algo sorprendido por haber descubierto una fortaleza tan grande, Ortiz se retiró, en un primer momento, para reunirse con sus oficiales. Parrilla dispuso sus fuerzas en formación de combate y colocó a los lipanes en un flanco, a los demás nativos auxiliares al otro flanco y situó a los españoles en el centro. La batalla duró cuatro horas, durante las cuales se derrumbaron ambos flancos, y los repetidos avances de los españoles fueron rechazados por un enemigo demasiado bien atrincherado y abastecido. El último y desesperado acto, al caer la noche, fue hacer funcionar los cañones. Solo se pudieron colocar dos, y estos, como escribe Weddle, «fueron disparados once veces contra el fuerte, pero los indios solo burlaron el efec-

119 Henry Easton Allen. The Parrilla Expedition to the Red River in 1759. *The Southwestern Historical Quarterly 43*, no. 1 (1939): 53-71. Disponible en http://www.jstor.org/stable/30235858.

to».[120] Los españoles se retiraron y los cañones fueron abandonados. Durante la conferencia de esa noche, el coronel Ortiz se enteró de que muchos de sus aliados indios habían huido. Del total inicial de 500, cincuenta y dos estaban muertos, heridos o desaparecidos. Todos los oficiales estaban a favor de regresar a San Sabá. Un desmoralizado Parrilla tuvo que aceptarlo, y los españoles iniciaron una retirada constante.

La Campaña del río Rojo no fue tanto una pérdida militar, pero sí aseguró que el coronel Ortiz fuera reemplazado como comandante del presidio más grande e importante de la provincia. Sin embargo, lo que sorprendió a muchos, fue quién lo reemplazó.

Durante ocho largos años, el capitán Felipe Rábago y Terán había estado sentado en una celda de México, intentando explicar si había ordenado el asesinato de un compañero soldado y de un sacerdote franciscano, y por qué. Aunque al principio el indio Andrés había confesado haber matado al sacerdote por orden de Rábago, se había retractado muy pronto. Por las razones que fueran, esto fue suficiente para los oficiales mexicanos. Tras volver a afirmar que los asesinatos de San Javier habían sido cometidos por los indios coco (que estaban convenientemente ausentes y no podían hablar por sí mismos), Rábago y Andrés fueron absueltos por el virrey interino Coaxial de la Vega. Su reincorporación al ejército y posterior mando del presidio de San Luis de Amarillas han sido calificados de notable; todo un eufemismo dada su historia. El coronel Parrilla llegó a denostar el nombramiento y describió a Rábago como «un joven con más dinero que criterio». Otro de los detractores de Rábago fue el padre Mariano de Dolores, que había sido testigo directo de las nefastas maquinaciones de este capitán. Sin embargo, parece que mientras estuvo encarcelado, Rábago se había ganado la amistad del padre Diego Jiménez, que había sido, años antes, uno de los seis franciscanos originales asignados a la misión de San Sabá. Armado con la recomendación del padre Jiménez y la retractación de Andrés,

120 Robert S. Weddle, *The San Sabá Mission*, 121.

el virrey interino de la Vega, ordenó que Rábago fuera restituido como comandante del presidio San Francisco Xavier de Gigedo. Sin embargo, como ese presidio ya no existía y sus soldados habían sido acuartelados en San Luis de las Amarillas, entonces Rábago debía recibir esa encomienda. Se programó una reunión entre Parrilla y el nuevo comandante y los dos oficiales, Parrilla y Rábago se reunieron en casa de Parrilla en el verano de 1760. Ortiz Parrilla le pidió a Rábago que por favor cuidara de varios objetos personales que él (Parrilla) había dejado en el presidio. Rábago accedió, pero claramente solo estaba interesado en difamar el buen nombre del antiguo comandante de la guarnición haciendo aparecer la Campaña del río Rojo como una derrota española enormemente humillante. Según Weddle, «el experimentado comandante militar, acostumbrado como estaba a que se obedecieran sus órdenes cuando mandaba a sus hombres a la batalla, sucumbió a los encantos de un estafador empedernido. En cuanto a Rábago, pronto estaría en la frontera, fuera del alcance del virrey y de Ortiz Parrilla».[121]

El nuevo comandante del presidio llegó a San Sabá a finales de septiembre de 1760 después de haber recorrido los alrededores de San Antonio debido a los duros sentimientos que muchos de los religiosos aún le guardaban allí.

Algunos han escrito que el capitán Rábago, en efecto, había cambiado de opinión mientras estaba en la cárcel. Estos mismos han escrito que es del todo posible que, habiendo confesado a Jiménez sus crímenes, estuviese verdaderamente dispuesto y preparado para emprender de nuevo el servicio a la Corona. Incluso el padre Morfi, que no se dejaba influir fácilmente por los sentimientos, sugirió que tal vez el cambio de opinión de Rábago fuera un intento de enmen-

121 Robert S. Weddle, *After the Massacre: The Violent Legacy of the San Sabá Mission*, 41. Weddle hace frecuente referencia al hecho de que, para Parrilla y los españoles, la Campaña del río Rojo fue, en general, un éxito. Según Weddle, fue Rábago quien siguió insistiendo en que no lo había sido.

darse con la religión al aceptar este nuevo e importantísimo encargo. Y se suponía que la misión era extremadamente importante.

Una de las órdenes del comandante era intentar abrir una ruta comercial más septentrional entre Texas y Nuevo México. Dada la fuerza, el número y la habilidad de las tribus comanches y taovayas que vivían en la zona, esta tarea resultaría difícil para cualquiera. Rábago envió un grupo explorador de cuarenta soldados para reconocer el oeste. Las tropas avanzaron hasta el río Pecos y regresaron casi un mes después de partir. Esta expedición cartografió las zonas visitadas, trazando, entre otras cosas, mapas de los suministros de agua y la topografía, lo cual hubiera sido una valiosa información para futuras expediciones; expediciones en las que Rábago no se ocuparía. El nuevo comandante estaba a punto de demostrar que, después de todo, no se podía confiar tanto en él.

Felipe Rábago y Terán estaba muy interesado en las nuevas construcciones. Al cabo de un año de su nombramiento, casi había completado la reconstrucción total del presidio de San Sabá, sustituyendo los troncos por fortificaciones de piedra y mortero, y cavando un foso alrededor de los terrenos hasta que el presidio parecía un castillo. La guarnición incluso adoptó un nuevo nombre, *Real Presidio de San Sabá*. Sin embargo, Rábago no había terminado de establecer nuevos edificios.

Rábago, deseoso por renovar los esfuerzos iniciados con la misión de San Sabá fortaleciendo la relación española con los apaches lipanes, comenzó a invitar a los jefes apaches a entrevistas en el presidio, donde les prometió construir nuevas misiones para ellos. El problema no radicaba en la construcción de estas nuevas misiones, sino en que el virrey quería que se construyeran al noroeste de San Sabá, más cerca de la ruta comercial propuesta; Rábago permitió a los apaches decidir dónde querían sus nuevas misiones y eligieron sitios casi exactamente en la dirección opuesta.

Sin consultar antes a su Gobierno, el capitán Rábago inició la construcción, a lo largo del río Nueces, de la misión de San Lorenzo de la Santa Cruz en enero de 1762. El emplazamiento era casi equidistante entre San Juan Bautista y San Antonio. Para los suministros de los misioneros, Rábago pidió ayuda a su amigo el padre Jiménez, ya que el sacerdote obviamente sabría mejor lo que se necesitaba. El padre Jiménez también vino a servir en esta nueva misión. Le acompañaba el padre Joaquín de Baños, que también había sido destinado años antes a la misión de San Sabá.

Tras colocar un pequeño contingente de soldados en la misión de San Lorenzo, Rábago planeó regresar a su presidio. Justo antes de partir, otro jefe apache, el Turnio, pidió otra misión para su pueblo, y Rábago, halagado, accedió. Un mes después se construyó la misión *Nuestra Señora de la Candelaria del Cañón* y, de nuevo, el padre Jiménez se hizo cargo de las necesidades espirituales de esta comunidad. Por un momento las cosas parecieron ir a favor de Rábago. De nuevo, como señala Weddle, «era costumbre en la fundación de nuevas misiones obtener la aprobación del colegio madre —en este caso, el Colegio de Querétaro— y del virrey. El padre Jiménez se había encargado del primer paso. El segundo no era tan fácil».[122]

Por supuesto, la oficina del virrey se enteró de las misiones. Tanto el padre Jiménez como el capitán Rábago declararon la necesidad de las misiones. De hecho, tan grande era la necesidad que el capitán ahora pedía que su presidio se trasladara a la zona, porque, según él, el constante desplazamiento de sus tropas entre San Sabá y el Valle de San José (donde se encontraban las dos nuevas misiones) disminuía la seguridad y la eficacia de ambas. Sin embargo, esta vez, como siempre, el destino decidiría la cuestión.

Al final de la guerra de los Siete Años, Francia entregó Luisiana a España, poniendo así fin a la amenaza de invasión francesa en Texas. El Gobierno español, siempre atento a sus gastos, ya no veía motivos para fortificar la región contra una presencia francesa desaparecida. Tal y como estaban las cosas, la Corona tenía dificultades para asignar fondos y defender una frontera que ahora era suya. En marzo de 1763 el oidor fiscal, don Domingo Valcárcel, declaró que

122 Robert S. Weddle, *The San Sabá Mission*, 158.

veía pocas esperanzas para las dos nuevas misiones. De hecho, también creía que el presidio de San Sabá ya era inútil.

Durante los años siguientes, las condiciones en las misiones de El Cañón y el presidio de San Sabá se deterioraron. En cuanto a las misiones, los apaches las abandonaban para cazar o atacar a sus enemigos, o simplemente para vagar por el campo. A menudo, sus persecuciones les llevaban a Coahuila, donde realizaban incursiones. Por ello, Rábago recibió quejas de que sus dos misiones se habían situado demasiado cerca de la frontera. Además, el mantenimiento de las misiones suponía un desgaste para el capitán. Sin el apoyo del Gobierno, Rábago se vio obligado a permitir que los apaches cazasen fuera de la misión para alimentarse, y a menudo no regresaban. Además, los comanches, cansados de las constantes incursiones apaches, empezaron a adentrarse en el centro de Texas para vengarse. Por otra parte, el presidio sufría ahora constantes ataques y estaba perdiendo su viabilidad como instalación defensiva; las tribus del norte lo estaban desgastando. Una vez más, el número de ataques, asesinatos, robos, etc., está fuera del alcance de este libro. Basta escribir que el número de estos crímenes fue aumentando en número y gravedad a medida que pasaban los años.

En 1767, el inspector del rey visitó Texas. Como ya se ha mencionado, el marqués de Rubí realizó varias reformas radicales en todas las reclamaciones de España en el Nuevo Mundo. Y de nuevo, Rubí vio beneficios para los presidios solo a lo largo de la porción sur del dominio de España y solo las civilizaciones de Santa Fe y San Antonio deberían merecer más apoyo real. En cuanto al capitán Rábago, este informe, junto con las otras angustias, señaló el final. En 1767 ya no había franciscanos intentando convertir a los lipanes en la Misión de la Candelaria y los que habían estado destinados en San Lorenzo fueron trasladados a la zona de Arizona en 1771. El presidio fue abandonado en 1772 y las misiones de El Cañón sufrieron casi inmediatamente el mismo destino.

España. Ministerio de Cultura. Pintura al padre fray Antonio Manuel del Álamo. 1817. *Archivo General de Indias: MP- Mexico 504.*

Como se desprende de la historia, la relación entre los españoles y la nación apache también se deterioró después de esta época. Las agresiones por ambas partes fueron intensas y prolongadas. Pasaría más de un siglo antes de que los apaches fueran doblegados y ese esfuerzo solo sería posible gracias a la fuerza combinada del ejército de los Estados Unidos y decenas de miles de nuevos inmigrantes.

En cuanto a los franciscanos, la política, el dinero y el fuerte brazo decidido de los militares terminaron por apartarlos. La secularización aseguró que cada misión desapareciera del paisaje o se dejara consumir hasta que alguna otra mano se diera cuenta y simpatizara. Pocos de nosotros podríamos aspirar a tener la determinación y la caridad que estos hombres mostraron por los demás, a menudo hostiles, peligrosos o reacios. El hecho de que varias de estas misiones sigan siendo hoy iglesias activas es un gran testimonio del celo, las aspiraciones y la fe que poseían estos hombres y la huella de su determinación.

CAPÍTULO 6
CONCLUSIONES

La colonización de Nueva España y, a efectos de este libro, de Texas, comienza en última instancia, por supuesto, con Cristóbal Colón. Sin embargo, más cerca de casa, por así decirlo, el acontecimiento que realmente inició la expansión hacia la región de Texas fue la invasión de México por Cortés. La gran cantidad de riquezas que Cortés puso sobre la mesa de la Corona española fue tan inmensa que todos los estadistas, exploradores y aventureros primero se dieron cuenta y luego quisieron participar. Y así llegaron muchos de todo el mundo, cada uno imaginando que el Nuevo Mundo sería, de algún modo, mejor que el que dejaban atrás. Por supuesto, no todos los que llegaron a las Américas en sus primeros años lo hicieron por elección propia, como los cientos de miles de soldados españoles, franceses e ingleses que fueron reclutados para servir a un Gobierno cuyas maquinaciones les importaban bien poco. Sin embargo, hubo un grupo que vino voluntariamente a servir, y que, al mismo tiempo, comprendió las dificultades que le esperaban.

Desde nuestro punto de vista moderno, resulta difícil comprender lo dura que debió de ser la frontera entre Florida y California para los franciscanos, dominicos y jesuitas. Para los franciscanos —al menos, según su orden—, muy a menudo caminaban desde sus colegios en México a través del río Grande y hacia cualquier región de Texas a la que fueran asignados o eligieran ir. Se espera que la pequeña cantidad de información que aquí se ofrece permita al lector comprender en cierta medida lo increíble que era para estos sacerdotes adentrarse en una tierra a menudo violenta y siempre desconocida, y dar un paso adelante con valentía para establecer ese contacto que significaba comenzar una relación, no de sometimiento, sino de *salvación*, pues así era como ellos veían el asunto.

Puede que el lector también se haya dado cuenta de que, aunque el tema principal de este libro eran los franciscanos, a menudo dicho tema se ha desviado hacia el Gobierno español y aquellos soldados y funcionarios implicados en su labor. Esto era inevitable, como ocurría a menudo, ya que los franciscanos no podían progresar sin el apoyo financiero de las oficinas del Gobierno en México o Madrid y, posteriormente, la ayuda militar debida a la misma entidad. La Corona tenía el monedero, y era muy reacia a abrir de par en par esa bolsa, a menos que recibiera fondos en lugar de repartirlos. De hecho, varios historiadores han culpado a esta tacañería del Gobierno español de la pérdida temprana y definitiva de México y Texas como colonias. Junto con esta reticencia pecuniaria, varios escritores afirman también que la lentitud de los despachos entre las misiones con México y México con Madrid o Sevilla, que solían tardar meses en cada caso, fue el otro factor de la pérdida de control por parte de España. Como ahora sabemos, muchas veces los misioneros se quedaban solos, mal abastecidos y mal protegidos, y las peticiones de ayuda atravesaban cientos de duros kilómetros solo para llegar a la mesa de algún funcionario en México, donde las decisiones tardaban más en producirse que las situaciones que justificaban su atención.

Además, aquellos lectores que tengan conocimientos sobre este tema se preguntarán sin duda por qué este libro no abarca todas las misiones y presidios españoles que en un momento u otro se ubicaron en algún lugar de la región de Texas. La respuesta sencilla es que los parámetros de este libro son cortos; simplemente no hay espacio suficiente para dar cuenta de cada intento de construcción. Asimismo, muchas de las misiones españolas sencillamente ya no están en pie. Las misiones del este de Texas, por ejemplo, ya no existen, pues se las dejó volver a los bosques de donde salieron. No se enumeran dentro de su propio capítulo simplemente porque nos hemos referido a ellas como progenitoras de otras misiones. Algunas, a lo largo del río Grande, fueron víctimas de la crecida del río. Y otras, como la de Nuestra Señora del Refugio (la última misión de Texas, de 1793), son meros cascarones. En la actualidad, la iglesia católica de Nuestra Señora del Refugio se alza directamente en el emplazamiento de la antigua misión. Algunas fuentes afirman que bajo el edificio actual aún puede verse parte de la construcción original.[123] Del mismo modo, el *Rancho de las Cabras*, el rancho de ganado que abastecía a la misión de San Francisco de la Espada, a veces catalogado como *Misión de las Cabras* porque había una capilla en el lugar, es un yacimiento arqueológico semiactivo, que ha sido excavado pero que ha terminado cubierto para proteger lo que pudiera quedar para futuros esfuerzos arqueológicos. Y la catedral de San Fernando, en el centro de San Antonio, fue una misión muy activa y un centro religioso de la Villa de Béxar. Cualquiera de estas misiones o presidios podría ser un libro en sí mismo (y muchos lo son), pero tratar de involucrar en esta obra a cada una de las historias habría sido imposible.

También hay que hacer referencia al asombroso número de discrepancias entre las fuentes en cuanto a fechas, lugares, etc. Dado que la mayoría de las misiones fueron transitorias y que cada lugar atrajo a cientos, si no miles, de individuos, es probable que distintos autores presentaran cálculos o teorías diferentes. En este libro, este autor ha intentado triangular la información tras reunir el mayor número posible de fuentes y sacar conclusiones después de mucha investigación. Sin duda, otras personas podrán localizar alguna fuente que discrepe de algunas de las cifras, fechas o lugares aquí

123 June Melby Benowitz. Nuestra Senora Del Refugio Mission. *Handbook of Texas Online.* Consultado el 6 de julio de 2016. Disponible en http://www.tshaonline.org/handbook/online/articles/uqn18.

expuestos. Sin embargo, debe entenderse que los franciscanos y las autoridades españolas eran, aunque lentos a veces, muy precisos en sus registros. El número de listas de inventario, registros bautismales, matrimoniales, etc. disponibles son exactos y abundantes. También hay que señalar que muchos escritores no han utilizado estos materiales tanto como podrían haberlo hecho.

Por último, las misiones, los presidios y la labor de los franciscanos nunca se habrían producido de no ser por los nativos americanos que habitaban la tierra antes de que llegaran los españoles o los franceses. Este autor, siendo nativo de Texas, se asombró de las docenas y docenas de nombres de grupos indígenas solo en el estado de Texas. También es interesante el hecho de que muchos de estos nombres han llegado hasta nosotros en su forma española y no en la nativa. Uno de ellos, por ejemplo, es el de la tribu *manos de perro*, que aparece muy a menudo en los registros de los franciscanos de la misión Valero. El Sr. Huízar, en el curso de su investigación sobre las misiones en el área de San Antonio, ha enumerado aproximadamente setenta tribus diferentes que se reunieron, en un momento u otro, en estas misiones. Si bien es cierto que varias de estas tribus podían pertenecer a una confederación o grupo mayor, cada una de ellas seguía siendo distintiva en su dialecto, modo de vida, vestimenta y comportamiento. La política regional y las luchas internas que existían entre estas tribus han sido discutidas aquí, pero su efecto en el trabajo misionero de los franciscanos no puede ser exagerado. Los franciscanos intentaron apaciguar algunas de estas hostilidades seculares animando a las distintas tribus a que se casaran entre sí, a que vivieran, adoraran y trabajaran codo con codo para crear algo que no había existido antes. Los llamamientos finales para reunir a los apaches en misiones fueron, en el fondo, un esfuerzo por disminuir la violencia entre estos numerosos grupos de nativos americanos. Sin embargo, como se ha visto, establecerse en zonas confinadas, aunque fuera temporalmente, no era una idea que resultara fácil para muchos de estos grupos. Mientras algunos, como los jumanos, buscaban activamente a los religiosos y la conversión, otros, como los apaches lipanes, exasperaban a los frailes utilizando los bienes de la misión solo para sus propios medios. Sin embargo, tomada en su totalidad, la historia de los intentos de los franciscanos por llevar a estos pueblos lo que ellos creían que era el bien supremo es una de las historias más fantásticas registradas en las Américas.

ÍNDICE ONOMÁSTICO